KB150371

UX 평가 및 분석의 이해

Understanding UX Evaluation and Analysis

박재현 지음

청문각

머리말

이 책을 기획하고 시작할 무렵에는 햇살이 점차 따뜻해지기 시작하고 신록이 돋아나기 시작하더니, 출판을 위해 마무리하는 지금 시점에는 낮 동안의 해가 점점 짧아지고 꽃샘추위도 이따금씩 찾아오고 있다. 마치 자연에서 사계절이 돌고 도는 것처럼 학문의 세계에서도 여러 가지 사조가 흥하고 망하고를 반복하고는 한다. 그 학문 사조의 내용을 가만히 자세히 들여다보면 보통 무에서 유를 창조했다 싶을 만큼 전혀 새로운 것들이 꽉 들어차 있지는 않다. 현실적인 요구에 의해, 새롭게 바뀐 환경적인 요인에 의해 필요한 내용이 다시금 주목 받기도 하고, 때로는 기존 내용을 보완, 개선해서 제안된 것을 융성하기도 한다. 물론 다 그런 것은 아니다.

사용자 경험이라는 분야는 여러 학문 분야 중에서도 이와 같은 틀로 설명되기 딱 맞은 분야라고 할 수 있다. 기존에 서로 다른 분야들에서 한번씩 다루어지고 중요하게 여겨져 왔던 것들이 사용자 경험이라는 새 옷을 입고 재탄생한 것이다. 하지만 이미 다 있었던 것들을 재사용할 뿐이라는 관점으로 이해한다면 단단히 오해하는 것이라고 단언할 수 있다. 분야의 장벽에 가로막혀 그 동안 서로 배척되는 부분도 있었을 뿐만 아니라, 서로 보지 못했던 부분을 봄으로써 생겨날 수 있는 새로운 관점 및 시각이 존재할 수 있기 때문이다.

이 책의 목표는 그 동안 공학, 디자인, 사회과학 등 각기 다른 관점에서 다루어져 왔던 사용자 경험 관련된 내용을 아울러서, 이를 배우고자 하는 이들에게 새롭고 기초적인 시각과 관점을 탄탄하게 다져주자는 것이다. 대상은 분야를 막론하고 사용자 경험에 대한 이해의 폭을 넓히고자 하는 모든 이들이다. 참고로 이를 위해서 숫자나 기술적인 분석 내용을 가능하면 배제하여 비 공학도들이 접근할 때 생길 수 있는 진입장벽을 낮추었다.

이 책이 다루는 내용은 사용자 경험이란 무엇이고 어떠한 의미를 가지고 있는 것인지, 그리고 이를 평가하고 분석하기 위해서는 어떠한 방법을 활용해야 하는지에 대한 것이다. 1장에서는 사용자 경험의 정의와 의의에 대해서 원론적인 관점에서 한번 짚어보았다. 평가 및 분석 방법과 관련하여 2장 및 3장에서는 기존에 사회학과 디자인 분야에서 많이 다루는 문화기술지 조사 방법과 설문, 인터뷰 조사 방법을 다루었다. 문화기술지 조사 방법으로 퍼소나, 경험 표집법, 일상 재구성법, 섀도 트래킹에 대해 자세히 논하였다. 설문 및 인터뷰 조사 방법에서는 설문에 대한 일반적인 내용과 포커스 그룹 인터뷰를 다루었다. 4장 및 5장에서는 주로 공학 분야에서 활용해오던 사용성 평가 방법과 작업부하 평가 방법을 다루었다. 사용성 평가 방법으로는 벤치마크 평가, 약식 평가, 휴리스틱 평가를, 작업부하 평가 방법으로는 NASA 작업부하 평가, 시뮬레이터 멀미 평가를 망라하고 있다.

끝으로 앞서 언급한 내용을 다시 한번 상기하자면, 이 책을 통해서 새로운 지식뿐만이 아니라 새로운 관점과 시각을 얻어갔으면 하는 바람이다. 사용자 경험이라는 용어는 여기저기서 많이 들리지만 지엽적인 학문의 경계를 넘고, 학계와 업계 간 경계를 극복한 내용으로서의 목소리가 아직까지는 미약한 편이다. 이 책이 사용자 경험이라는 개념이 공허해지지 않도록 학계와 업계 모두에 충실한 토양과 토대를 공급하는 데 이바지했으면 하는 바람이다.

2016년 12월
사용자 가치 연구실에서
박재현 씀

차례

03

**설문 및 인터뷰
조사 방법**

04

**사용성
평가 방법**

01

사용자 경험과
그 평가 방법

1.1 사용자 경험 개념

1.1.1 사용자 경험의 정의와 배경

사용자 경험은 제품 및 서비스를 사용하는 사용자의 총체적인 경험을 의미한다. UX(User Experience)라고 칭하기도 한다. 이 경험은 주로 실용적, 감성적, 의미적, 가치적인 측면에서 해석되어왔다. 분석과 해석의 대상은 제품 및 서비스를 사용하는 와중에 발생하는 사용자의 행동 및 의식적인 측면과 이런 측면에서의 변화를 유발하는 제품 및 서비스의 특성이다. 사용자 경험은 시간의 흐름에 따라 변할 수 있으며, 더 넓은 관점에서 보면 시간뿐만 아니라 주변 환경, 맥락에 따라 변할 수 있다.

정의는 다양한 주체에 의해서 시도된 바가 있다. 국제표준화기구(ISO, International Organization for Standardization)에서는 사용자가 제품 및 서비스를 사용하며, 또는 그 사용을 예측하며 얻는 인지적인 이해부터 반응까지 포괄하는 것으로 정의하고 있다. 그 이외에도 다양한 정의가 존재하는데 대개 제품 및 서비스를 사용하며 직간접적으로 얻는 경험을 일컫는다. 경험이라는 개념 자체가 포괄적인 것이고 정의하기 어렵기 때문에 사용자 경험도 마찬가지로 합의된 형태의 구체적인 정의가 도출되기 어렵다. 다만 제품과 서비스와 같은 대상물을 전제로 하고 있는 것에 대해서는 대체로 인정되는 바이다.

사용자 경험이라는 용어와 개념이 대두되기 시작한 것은 2000년대 초반이다. 조금 더 거슬러 올라가면 1990년대 중반부터 돈 노먼과 그 이외의 연구자들에 의해 그 토대가 마련되었다고 볼 수 있다. 분명한 것은 HCI(Human-Computer Interaction) 분야를 중심으로 사용자 경험에 대한 개념 인식이 이루어졌다는 것이고, 이는 분야의 대내적 필요에 의한 것이었다. 이론과 철학적인 접근이 이루어지기 이전에 크게 두 가지 관점에서 사용

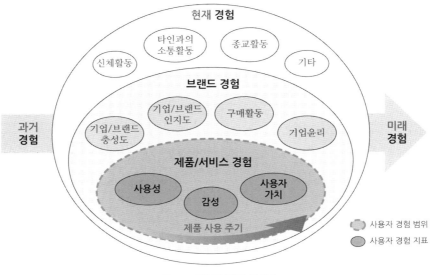

그림 1.1 **사용자 경험 개념도**

자 경험 개념에 대한 기반이 마련되었다.

첫 번째로 기존에 널리 이용되어오고 있던 사용성 개념이 새롭게 등장하는 기술과 제품 및 서비스를 설명하기에는 한계가 있었다. 2000년대를 전후하여 유비쿼터스, 소셜미디어 등 기술적 진보와 새로운 제품 및 서비스가 어우러져 등장하고 있었다. 당시 사용성 개념은 효율성, 효과성, 만족도 등 세 가지 주요 지표로 평가, 측정되고 있었는데 새롭게 등장하는 제품 및 서비스는 이보다 더 많은 차원의 분석을 필요로 했다. 당시에 유행하고 있었던 사용성 평가 개념이 오래되어 더 이상 사용될 수 없다는 것이 명확해 보였다.

둘째로 실제 제품 및 서비스를 개발하고 출시하는 현장에서 다양한 부서를 고려한 종합적 관점에서의 검토가 이루어지기 시작했다. 제품이나 서비스를 사용하기 편리하게 만들기 위해서는, 기획 담당자가 할 수 있는 일,

개발자, 디자이너가 할 수 있는 일, 브랜드 마케팅 담당자가 할 수 있는 일이 많아 보이기 시작한 것이다. 즉, 기존의 사용성이나 HCI 개념이 적용되는 외연이 넓어지다 보니 개념을 포괄적으로 재정의할 필요가 생겼다.

최근에는 사용자 경험의 한계가 노출되기 시작했다. 사용자 경험이 왜 중요한지에 대해 설명하는 자료와 근거는 많지만 어떻게 제품 및 서비스의 사용자 경험을 향상시킬 수 있는지에 대해서는 체계적으로 접근하는 경우가 부족한 측면이 있다. 그 이외에 기업 내 각 조직에서 디자인 및 개발, 마케팅, 고객지원, 영업, 시장분석 및 경영지원 담당자 등 사용자 경험 유관 부서가 물리적으로 융합되기 어려워 이상적인 협업이 이루어지지 못하는 사례도 많다. 이는 사용자 경험에 대한 담론이 거시적으로만 이루어지는 상황에서 생기는 부작용이다.

1.1.2 인접 및 하위 개념

사용자 경험 개념은 추상적이고 한마디로 정의하기 어려운 만큼 인접하며 하위인 것으로 볼 수 있는 개념도 다양하다. 하나의 차원이 아니라 여러 개의 차원으로 구성되어 있는 복합적인 개념이다. 사용자 경험이라는 용어가 HCI에서 태동한 것인 만큼 한계는 있지만 사용성 개념을 무시할 수 없으며, 접근성에서부터 감성에 이르기까지 다양한 개념들을 하위의 것으로 볼 수 있다. 정리하면 다음과 같다.

- **사용성(usability)**: 전통적인 정의에 의하면 특정 사용자가 특정 상황에서 특정 목적을 가지고 제품을 사용할 때 효과적이고, 효율적이며, 만족스러운 정도를 뜻한다. 최근에는 사용성 관련 지표도 다양하게 다루어져 단순성, 접근성, 정보제공성, 학습성, 사용자 지원 등이 추가되었다. 즉 가능하면 인터페이스가 단순한 것이 좋고, 특정 기능에 접근하기에

용이해야 하며, 필요한 정보를 적절하게 제공해야 한다. 또한 익히기가 쉬워야 하고 유사시에는 사용자들 도와줄 수 있는 장치가 마련되어야 한다. 이러한 지표가 만족된 제품이나 서비스가 사용하기 편리한 것이다.

- **접근성(accessibility)**: 사용성의 하위 지표로 표현되기도 하지만 그 자체로 중요한 의미를 가지고 있어서 때에 따라 더 중요하게 다루어지기도 한다. 주로 유니버설 디자인 차원에서 일반 사용자뿐만 아니라 장애인이나 고령자가 제품이나 서비스를 사용할 때 원하는 기능의 발현, 실행, 수행이 용이해야 한다는 것이다. 특히 웹에서 접근성에 대한 가이드라인 연구가 많이 이루어졌다.

- **감성(affect)**: 사용성과 또 다른 차원의 중요한 요소이다. 제품이나 서비스가 사용자에게 감성적으로 어필해야 한다는 측면에서 감성이 사용자 경험을 구성하는 중요 요소가 되는 것이다. 제품 및 서비스의 외형적, 심미적 디자인뿐만 아니라 기능을 발현하는 상호작용이 어떻게 설계되었는가도 감성적 만족도에 영향을 줄 수 있다. 감성 개념은 주로 정성적으로 자료를 수집하여 분석한다.

- **가치(value)**: HCI 분야에서 전통적으로 다루어오던 사용성, 접근성, 감성 개념과는 다른 시각에서 사용자 경험을 구성하고 있는 축이다. 제품이나 서비스가 사용자에게 어떤 편익을 줄 수 있으며, 나아가서 어떤 가치를 충족시킬 수 있느냐는 관점에서 분석할 수 있다. 행복, 자유, 성취, 사랑, 자존, 사회적 지위 등 다양한 가치가 존재할 수 있다. 개개인이 추구하는 가치가 다양하기 때문에 주로 정성적으로 수집하여 분석한다.

1.2 평가 방법의 조건과 적용

1.2.1 평가의 필요성

특정한 개념에 입각하여 대상을 평가하는 것은 대상을 개선하고 더 좋게 만드는 작업에 선행되어야 할 필수적인 활동이다. 커피를 예로 들어보자. 커피 원두는 브라질, 베트남, 인도네시아, 콜롬비아 등 남북위 20도 이내의 고산지대에서 재배된다. 생장 환경이 조금씩 다르고 몇 개의 품종이 있어서 원산지에 따라 맛이 조금씩 다르며, 원두를 어떻게 볶고 어떻게 추출하느냐에 따라서도 맛이 달라진다. 이때 맛을 정확하고 객관적으로 평가하는 방법이 있다면 더 맛있는 커피를 체계적으로 추출하는 데에 도움이 될 것이다.

많은 사람들이 이를 위해 노력한 결과 커피 맛을 평가하기 위한 체계가 발달되기 시작했다. 유기산으로부터 비롯된 신맛, 즉 산도가 어느 정도인지, 카페인 및 기타 화합물로부터 비롯되는 쓴맛이 어느 정도인지, 당분으로부터 비롯되는 단맛이 어느 정도인지, 나트륨 함량으로부터 비롯되는 짠맛이 어느 정도인지를 각각 평가한다. 한편 다양한 맛이 입안에서 어우러질 때 묵직한 느낌, 마시고 나서 생기는 떫은 느낌에 대해서도 평가한다.

똑같은 커피를 마시고 나서 느끼는 맛의 정도와 느낌이 사람마다 다를 수 있지만 표본의 크기를 증가시키고 반복해서 평가를 진행함으로써 어떤 추이를 발견할 수 있을 것이다. 원산지별로 혹은 같은 원산지 안에서도 특정한 지역별로 추이가 다를 수 있고, 추출하는 방식에 따라 다를 수도 있다. 개개인이 자신의 취향에 대해 어느 정도 알게 되면 취향에 맞는 커피 원두와 추출 방식을 선택할 수도 있으며, 많은 이들이 공통적으로 선호하는 맛을 추출하기 위해 다양한 시도를 해볼 수도 있을 것이다.

평가 활동은 보통 그 자체로 끝나지 않고 이후에 개선이 수반되는 경우가 많다. 역으로 이야기하면 제품이나 서비스, 혹은 다양한 대상을 매개로 하는

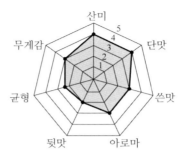

그림 1.2 커피 맛 평가 기준 및 결과 예시
(산미, 단맛, 쓴맛, 아로마, 뒷맛, 균형, 무게감 등 7각형으로 표시)

경험을 더 좋게 만들기 위해서는 가장 먼저 평가 작업이 이루어져야 한다. 현재 상태를 명확하고 객관적으로 확인한 후에 발전 방향을 논할 수 있기 때문이다. 또한 평가 활동에서 가장 중요한 것은 평가의 기준을 정립하는 일이다. 산도, 쓴맛, 무게감 등과 같이 커피 맛 평가 기준을 세우는 일은 다양한 추출물을 비교하기 위한 틀을 만드는 작업과 같다. 그 이외의 다양한 평가 작업에서도 이러한 비교의 틀을 온전히 세우는 것이 평가의 성패를 좌우하는 가장 기본적인 일이다.

1.2.2 평가 도구의 신뢰도와 타당도

   평가 기준과 그 기준의 활용 방법이 과연 평가 대상을 의도된 대로 제대로 평가할 수 있는지 검증하는 방법이 있다. 이때 가장 기초적으로 활용되는 개념이 신뢰도와 타당도이다. 사용자 경험을 평가하는 데 동원되는 것이 아니더라도, 모든 조사 방법에 적용될 수 있는 기본적인 방법이며 중요한 개념이다. 다음과 같이 설명할 수 있다.

   • **신뢰도**: 측정한 결과가 전반적으로 일관되게 나타나는지 여부를 설명하

는 개념이다. 신뢰도가 높다고 하는 것은 여러 번 검사, 측정, 평가하였을 때 유사한 결과가 나오는 것을 뜻한다. 신뢰도를 측정하는 방법으로는 검사-재검사 신뢰도, 내적 일관성 신뢰도, 평가자 간 신뢰도 등이 있다.

- **타당도**: 측정한 결과가 조사자가 의도한 대상을 제대로 나타내고 있는지 여부를 설명하는 개념이다. 타당도가 높다고 하는 것은 원래 의도하고 있는 대상이 제대로 검사, 측정, 평가되었다고 하는 것을 의미하며, 의도 대상을 충실하게 반영할 뿐만 아니라, 의도되지 않은 대상이 측정, 평가되는 비율을 최소화하여야 한다. 구성 타당도, 내용 타당도, 준거 타당도 등의 개념으로 타당도를 파악할 수 있다.

신뢰도와 타당도는 흔히 화살을 과녁에 쏘는 것에 비유하여 설명되곤 한다. 화살을 과녁에 쏘는 행위를 어떤 대상을 평가하는 활동이라고 가정하자. 이때 화살이 과녁의 중심에 맞은 것을 원래 의도했던 대상을 제대로 평가해 낸 것에 비유할 수 있다. 화살을 여러 번 쏘았을 때 나타나는 결과를 그림 1.3에 나타낸 것과 같이 네 가지 유형으로 분류할 수 있다.

네 가지 유형은 신뢰도 및 타당도의 개념으로 설명할 수 있다. 신뢰도는

높은 신뢰도
낮은 타당도

낮은 신뢰도
보통 정도 수준의 타당도

낮은 신뢰도
낮은 타당도

높은 신뢰도
높은 타당도

그림 1.3 **신뢰도와 타당도 개념**

측정, 평가했을 때 일관된 결과가 나타나는 것을 의미하므로 과녁에 꽂힌 화살이 특정 부위에 몰려 있으면 신뢰도가 높다고 볼 수 있다. 반대로 흩어져 있으면 신뢰도가 낮다고 볼 수 있다. 타당도는 특정 개념을 정확하게 잘 측정, 평가하는지 여부를 나타내므로 화살이 평균적으로 가운데에 꽂혀 있으면 타당도가 높다고 볼 수 있고 그 반대의 경우는 타당도가 낮은 것으로 간주할 수 있다.

첫 번째 그림의 경우에는 화살이 우측 상단에 몰려 있지만 가운데에서는 벗어나 있다. 이것은 신뢰도는 높지만 타당도는 낮은 경우이다. 두 번째 그림의 경우 화살이 흩어져 꽂혔지만 평균적으로는 가운데에 집중되어 있다. 신뢰도는 낮지만 타당도가 높은 경우이다. 비슷하게 세 번째 그림은 신뢰도와 타당도가 모두 낮은 경우, 네 번째 그림은 신뢰도와 타당도가 모두 높은 경우임을 알 수 있다.

차후에 소개되겠지만 사용자 경험을 평가하거나 측정하는 조사 방법은 다양하게 존재한다. 제품 및 서비스와 관련된 사용자 경험에 특화되어 새롭게 제안되고 있는 방법들부터 시작하여, 기존에 사용자 경험 이외의 다양한 개념을 평가, 측정하기 위해 활용되고 있던 방법들도 다수 있다. 이러한 방법들이 사용자 경험 혹은 그 하위 개념을 제대로 평가, 측정하고 있는지 여부를 신뢰도와 타당도라는 도구로 항상 들여다볼 필요가 있다. 이로부터 조사 방법 자체의 한계가 지워지는 경우도 많기 때문에 특정 조사 방법을 사용할 때에는 신뢰도와 타당도의 수준을 동시에 가늠할 필요가 있는 것이다.

1.2.3 사용자 경험 평가 방법

사용자 경험 개념은 사용성 분야에서 확장되어 사용되어온 만큼, 사용자 경험의 평가 방법은 기본적으로 사용성 평가 방법을 망라한다. 벤치마크 평가, 약식 평가, 휴리스틱 평가 등의 사용성 평가 방법으로 사용자 경험을 평가하는 것은 여전히 유효하며 중요하다고 볼 수 있다. 이들 평가 방법은 주로 정량적인 분석에 기반하고 있으며, 정량적인 분석은 비교에는 용이하지만 새로운 사실을 발견하거나 다양한 측면에서의 잣대를 고려하기에는 부족하다는 단점이 있다.

이와 같은 단점을 극복해주기도 하며, 동시에 사용자 경험 개념의 외연 확장과 맞물려서, 주요 평가 방법 중 하나로 부상한 것이 바로 문화기술지 조사 방법이다. 문화기술지 조사 방법은 사회와 문화 현상을 발굴하고 비교하는 데에 이미 활발하게 이용되고 있었던 방법이다. 그 이외에 사용자 경험 개념에 맞게 새롭게 제안된 방법들도 있다. 퍼소나, 경험 표집법, 일상 재구성법, 섀도 트래킹 등의 조사 방법이 있으며 주로 정성적인 분석에 기반하는 방법들이 많다.

한편 설문 및 인터뷰 조사 방법은 다양한 개념들을 조사하고 분석하는 데에 범용적으로 이용되는 만큼 사용자 경험을 평가하고 조사, 분석하는 데에도 활용된다. 특히 감성과 같이 객관화된 지표가 많지 않고 개념적으로 평가되어야 하는 개념의 경우에는 설문 및 인터뷰 조사를 통해 분석되고는 한다. 신뢰도와 타당도 측면에서 검증이 이루어진 잘 설계된 설문 문항은 반복적으로 사용하기도 편리하고 대상을 비교하는 데에도 안성맞춤이다.

사용성 평가 방법, 문화기술지 조사 방법, 설문 및 인터뷰 조사 방법 이외에도 사용자 경험을 평가해주는 방법들은 다양하게 존재할 수 있다. 작업부하를 평가하는 방법도 그 일부가 될 수 있다. NASA 작업부하 평가, 시뮬레이터 멀미 평가와 같이 특정 분야에서 활용이 되어오던 방법들, 특정 기기들 중심으로 적용할 수 있는 방법들이 있다. 본 책에서는 주로 활용되는 방법을 중심으로 사용자 경험 평가 방법들을 소개하고자 하며, 다음 장부터 문화기술지 조사 방법, 설문 및 인터뷰 조사 방법, 사용성 평가 방법, 작업부하 평가 방법 순으로 다루고자 한다.

생각해볼 문제

- 사용자 경험과 일반적인 경험의 차이는 무엇인가?
- HCI(Human-Computer Interaction) 분야에서 사용자 경험 용어가 대두된 이유는 무엇인가?
- 다음 중 사용자 경험 하위 개념이 아닌 것은?
  1) 사용성   2) 감성   3) 가치   4) 생산비용
- 평가 활동이 필요한 이유는 무엇인가?
- 신뢰도와 타당도의 차이는 무엇인가?
- 사용자 경험 평가 방법이 중요한 이유는 무엇인가?

1장 참고문헌

1. Alben, L. (1996). Quality of experience: defining the criteria for effective interaction design. *Interactions*, 3(3), 11-15.
2. Desmet, P., & Hekkert, P. (2007). Framework of product experience. *International Journal of Design*, 1(1), 57-66.
3. Forlizzi, J., & Ford, S. (2000). The building blocks of experience: an early framework for interaction designers. *Proceedings of Designing Interactive Systems*(DIS2000), 419-423.
4. Han, S.H., Yun, M.H., Kim, K.J., & Kwahk, J. (2000). Evaluation of product usability: Development and validation of usability dimensions and design elements based on empirical models. *International Journal of Industrial Ergonomics*, 26(4), 477-488.
5. Hassenzahl, M., & Tractinsky, N. (2006). User experience-a research agenda. *Behaviour and Information Technology*, 25(2), 91-97.
6. ISO (International Standardization Organization) 9241-210 (2010). *Ergonomics of Human System Interaction-Part210: Human-Centered Design for Interactive Systems.*
7. Park, J., Han, S.H. (2013). Defining user value: a case study of a smartphone, *International Journal of Industrial Ergonomics*, 43(4), 274-282.
8. Park, J., Han, S.H., Kim, H.K., Cho, Y., Park, W. (2013). Developing elements of user experience for mobile phones and services: survey, interview, and observation approaches, *Human Factors and Ergonomics in Manufacturing & Service Industries*, 23(4), 279-293.
9. Park, J., Han, S.H., Kim, H.K., Moon, H., Park, J. (2015). Developing and verifying a questionnaire for evaluating user value of a mobile device, *Human Factors and Ergonomics in Manufacturing & Service Industries*, 25(6), 724-739.
10. Park, J., Han, S.H., Kim, H.K., Oh, S., Moon, H. (2013). Modeling user experience: a case study on a mobile device, *International Journal of Industrial Ergonomics*, 43(2), 187-196.

11. Roto, V. (2006). *Web Browsing on Mobile Phones-Characteristics of User Experience*. Doctoral dissertation, Helsinki University of Technology, Finland.

12. Russel, J.A. (2003). Core affect and the psychological construction of emotion. *Psychological Review*, 110(1), 145-172.

02

문화기술지
조사 방법

2.1 개요와 특성

2.1.1 기원과 역사적 배경

문화기술지(文化記述誌, ethnography) 연구 방법론은 사회학, 인류학 및 그 세부 학문 분야를 기반으로 발달해왔다. 문화기술지를 뜻하는 'Ethnography'는 그리스어 'ἔθνος'와 'γράφω'가 합성된 것인데 각각 '사람들', '글을 쓰다'를 의미한다. 즉 사람이나 민족, 문화를 관찰하고 기록한다는 의미를 내포하고 있다. 문화기술지는 같은 맥락에서 민족지학(民族誌學), 민속지학(民俗誌學)으로 불리기도 한다. 국내에서는 문화기술지와 더불어 민족지학이라는 용어도 널리 사용되고 있다.

문화기술지의 가장 오래된 저작으로는 고대 그리스인 헤로도토스가 남긴 《역사》를 꼽을 수 있다. 그는 이집트 및 스키타이를 포함한 다양한 지역을 두루 여행한 것으로 추측되며 이 와중에 보고 들은 것을 토대로 지역의 문화를 기록하였다. 모든 역사서가 그렇듯이 자료의 신뢰성과 관련한 논란이 없는 것은 아니지만, 기본적으로 직접 체험한 것을 바탕으로 자료를 구성하였다는 점에서 최초의 문화기술지로서 상징성을 가지고 있다. 그는 첫머리에 다음과 같이 적었다.

"할리카르나소스에서 태어난 헤로도토스가 조사한 결과를 여기 기록한다. 그 첫 번째 목적은 인간 사이에서 일어났던 일들을 잊혀지기 전에 기록하기

그림 2.1 'Ethnography'의 합성

위한 것이고, 두 번째 목적은 그리스인과 비 그리스인들이 이룩한 중요한 업적들을 길이 보존하기 위한 것이다. 특히 그리스인과 비 그리스인 간에 전쟁이 왜 일어난 것인지에 대한 원인을 다루었다."

문화기술지가 민족지학으로도 불리는 이유 중에 하나는, 주로 조사자가 속해있지 않은 다른 민족을 탐구하고 풍습을 기록하는 데에 연구 방법론이 활용되어 왔기 때문이다. 헤로도토스는 《역사》를 기술하며 자신이 속해있지 않은 다른 문화권들의 민족들을 관찰하고 기록했다. 그 과정에서 위에서 언급한 바와 같이 비 그리스인들도 그리스인들과 같이 대단한 성취를 이룩할 수 있는 동등한 인간임을 전제했다. 여기에 문화기술지의 중요한 원리가 숨어있다. 조사 대상과 조사원 간에 언어, 문화, 인종 차이가 있는 경우에 무작정 열등한 것으로 여기지 않고 있는 그대로의 모습을 기술하고자 하는 것이다.

클로드 레비스트로스의 《슬픈 열대》는 전형적인 문화기술지 관점으로 쓰인 책 중 하나다. 사회인류학자인 레비스트로스가 1930년대 중후반에 남아메리카 내륙에 살고 있던 부족들을 관찰하고 분석한 내용이다. 그는 다양한 부족들과 직접 생활을 같이하며 가능한 그들의 눈높이에서 그들의 종교,

그림 2.2 쿨 오바(Kul Oba)에서 출토된 꽃병에 그려진 스키타이인의 모습
(헤로도토스는 스키타이의 문화를 직접 보고 자세히 기록하였다)

생활, 예술 등을 이해하려고 애썼다. 그리고 그들이 미개하지 않다는 것을 증명하고자 하였다. 그러면서도 타자로서 한 문화를 이해하는 것에 근본적인 모순이 있을 수밖에 없다는 것을 다음과 같이 인식하였다. 조사하려고 하는 문화와 조사자가 속한 문화 사이의 경계, 그리고 조사자가 속한 위치는 문화기술지 연구에서 반드시 짚고 넘어가야 하는 부분이다.

"인류의 문화가 상호 교섭할 수 있는 힘이 생겨 그들의 접촉을 통해 서로를 부식시키는 일이 드물수록, 각기 다른 문화에 파견된 사자는 그 문화의 다양성과 풍부함과 의의를 파악할 수 있는 가능성이 그만큼 줄어든다. 결국 나는 양자택일을 해야 하는 처지에 묶여 있는 몸인 것이다. 과거를 여행하는 자가 되어 내게는 거의 전부가 이해도 안될뿐더러 비웃음과 혐오감밖에는 못 일으킬 어마어마한 광경에 접하든가, 아니면 현대의 여행자가 되어 사라져버린 현실의 흔적을 뒤쫓아 다니든가 해야 하는 것이다."

문화기술지 방법론은 관찰과 기록의 도구로서 인정을 받아 다양한 분야에 파급되어 활용되어왔다. 사회 인류학, 문화 인류학과 같은 인류학 하위 분야는 물론이고, 경제학, 교육학, 심리학, 지리학, 역사학, 언어학과 같이 관찰 대상이 정해져 있는 인문 분야에서 광범위하게 사용된다. 비교적 최근에는 디자인, 인간공학, 인지공학, 컴퓨터공학 등과 같이 제품 및 서비스와 결부되어 있는 분야에서도 활발하게 쓰이고 있다.

위와 같은 추세로 봤을 때 사용자 경험 조사 및 분석에 문화기술지 방법이 이용되는 것은 자연스러운 일이다. 문화기술지와 관련된 도구들은 국가와 민족, 문화 등과 같은 커다란 공동체에 대한 연구로부터 시작하여 단체, 조직, 집단, 가족 등 상대적으로 작은 공동체를 대상으로 활용되는 추세에 있다. 특정한 제품 및 서비스와 연관된 사용자 계층에게도 적용할 수 있으며 의미 있는 결과를 충분히 도출할 수 있다. 단, 제품 및 서비스의 생산 및 사용 주기가 짧아짐에 따라, 사용자 경험 연구는 일반적인 문화기술지 연구와 같이 장기적으로 수행하기 어렵다는 제약은 고려할 필요가 있다.

2.1.2 사용자 경험 연구에 활용되는 목적

- 인간에 대한 이해
- 복잡한 사용자층, 사회에 대한 이해
- 제품 및 서비스와 관련된 인식 조사
- 문화의 경계 발굴

문화기술지 연구 방법들이 사용자 경험 연구에 적용되는 경우에는 본래의 것보다 더 특수한 형태의 목적을 가진다. 순수한 문화기술지 연구 방법에서는 제품과 서비스에 대한 고려가 전혀 없다. 반면, 사용자 경험 연구에서는 사회와 문화에서 나타나는 현상에 대한 이해보다는 사용자에게 더 맞는 제품 및 서비스를 개발하기 위한 목적에 초점이 맞추어져 있다. 물론 근본적으로 사용자, 즉 제품이나 서비스를 사용하는 한 인간, 또는 인간 군상에 대한 이해를 위한다는 것에는 변함이 없다. 문화기술지 연구 방법이 사용자 경험 연구에 활용되는 목적으로 사용자에 대한 이해, 복잡한 사용자층, 사회에 대한 이해, 제품 및 서비스와 관련된 인식 조사, 문화의 경계 발굴 등 네 가지를 들 수 있다.

인간에 대한 이해: 사람이 매개체로 있는 모든 연구의 궁극적인 목표 중에 하나는 바로 인간을 이해하고, 지금까지 이해된 바의 지평을 늘리는 것이다. 여기서 인간이란 특수한 제품이나 서비스를 사용하는 사용자층을 일컫는 것이 아니라 그 범주를 넘어서서 다양한 사회, 문화 속에 살아가는 모든 사용자를 포괄하는 것이다. 모든 인간에 대해 일반화할 수 있는 이해와 지식

이야말로 더 나은 사회, 문화를 만들어나가는 데 도움이 될만한 재료이다. 더 나은 제품과 서비스를 설계하는 데 도움이 되는 것은 물론이다.

모든 사람들은 그들이 속한 사회의 영향을 받는다. 제품과 서비스도 마찬가지다. 사람들은 제품, 서비스와 상호작용하며 영향을 주고 받는다. 인간에 대해 이해하기 위해서는, 사용자에 대해 이해하기 위해서는, 사회와 제품 및 서비스에 대한 이해가 선행되어야 한다. 이에 따라 인간에 대한 이해는 다른 항목들보다 뒤에 이루어져야 하는데 가장 핵심이 되는 목적이므로 가장 앞에서 설명하였다.

복잡한 사용자층, 사회에 대한 이해: 사용자층이라고 하는 것은 여러 비슷한 제품 및 서비스 사용자가 모여 이루어진다. 마찬가지로 사회는 비슷하면서도 조금씩 다른 개인들이 모여 이루어진다. 사용자층과 사회는 각 사용자 및 개인들의 집합이지만, 사용자와 개인이 가지는 개별적인 특성과는 또 다른 특성을 가지기 마련이다. 사용자층과 사회에 대한 이해는 문화기술지 연구의 중요 목표이면서도 가장 어려운 부분 중에 하나이다.

조사자가 속한 집단 내에서의 조사라고 하더라도 어렵기는 마찬가지다. 서로 다른 계층의 사람들, 가령 연령층, 성별, 종교가 서로 다른 사람들이 모여있으면 아무리 친숙한 집단이라고 하더라도 제대로 알기가 어렵다. 조사자와 인구통계학적으로 공통분모에 속하는 사람들이라고 하더라도 취미, 정치성향 등에 따라 예측하기 어려울 수도 있다. 제대로 알기 위해서는 체계적이고 신뢰성이 높은 조사 분석이 필요하다.

제품 및 서비스와 관련된 인식 조사: 제품 및 서비스가 시장에서 어떻게 받아들여질 것인지, 혹은 받아들여지고 있는지를 아는 것은 사용자 경험 분야에서 가장 민감하게 다루어지는 부분이다. 긍정적으로 인식되고 있을수록 제품과 서비스에 대한 인지도가 높아질 가능성이 있고, 또한 브랜드와 기업에도 도움이 될 수 있다. 이에 따라 현재 상태를 가능한 명확하고 객관적으로 확인하는 것이 중요하다.

이 부분은 기존 문화기술지 연구와 대비된다. 전통적인 문화기술지 연구에서는 특정한 대상에 대해서 집중적으로 파고들지 않는다. 대신 산재되어 있는 여러 대상들이 전체 사회와 문화 속에서 어떻게 상호작용하는지 조망할 뿐이다. 사회와 문화 속에서 일반적인 특징을 가려내는 것이 중요하기 때문이다. 이러한 차이 때문에 사용자 경험 조사에 특화된 문화기술지 연구 방법론들이 등장하게 되었다.

문화의 경계 발굴: 문화에는 다양한 정의가 존재하지만, 구성원들에게 일정한 영향력을 행사한다는 점은 변하지 않는다. 우리가 마시는 공기가 어디에나 있기 때문에 공기가 있다는 것을 눈치채기조차 어렵듯이, 문화도 우리가 속해있는 그 무엇이라는 것을 인지해내기가 쉽지 않다. 우리는 그 속에서 현실이고 진짜라고 믿는 다양한 삶의 양식들을 습득하고 또 공유해나간다. 그 양식들 하나하나가 당연하다고 믿기 때문에 다른 형태로 존재할 수 있다는 사실도 간과하고는 한다. 이런 측면에서 문화의 경계를 발굴하는 것은 쉬운 일이 아니며, 만약 다른 양식으로서의 문화를 알게 된다면 인간에 대한 이해에 한 발짝 더 다가설 수 있는 재산이 된다.

그 문화가 특정한 제품이나 서비스의 사용자로 구성된 작은 단위라고 해도 마찬가지다. 이 작은 문화의 경계를 발굴하게 되면, 그전까지 미처 인지하지 못했던 제품 및 서비스의 특성을 파악할 수 있다. 당연하게 생각했던 그 특성을 주도면밀하게 검토하는 와중에 새로운 형태의 제품이나 서비스를 기획할 수도 있다.

2.1.3 정량적 연구와의 차이

문화기술지 연구도 사회과학에서 주로 다루어지고 발전되어온 만큼 과학적 테두리 안에 있다고 할 수 있지만, 일반적인 정량적 연구 방식과 많은 차이를 가지고 있다. 연구 방식에 있어서 차이가 나는 가장 큰 이유는 연구 목적이 다르기 때문이다. 문화기술지 연구는 주로 **탐색적인 목적**을 가지고 있는 반면 일반적인 정량적 연구는 일단 세워진 가설을 검증하는 **확인적인 목적**을 가지고 있다.

일반적인 정량적 연구는 문제를 선택하고, 가설을 세우며, 자료를 수집해서, 분석한 후, 가설이 맞는지 여부를 검증하는 다섯 가지 단계를 거친다. 과학적 연구 방식 중에서 가장 전형적이고 많이 활용된다. 자연 현상뿐만 아니라 사회 현상을 확인할 때에도 자주 이용하는 방법이다.

1. **문제선택**: 연구자는 연구 분야를 먼저 택한다. 이때 연구 분야는 자신이 관심, 흥미 있어 하는 분야, 근 미래에 각광 받고 수요가 있을 것으로 예상되는 분야, 기존부터 연구를 지속해오던 분야 등 다양한 상황과 이유로 인해 선택된다.

2. **가설설계**: 연구자는 특정한 연구 분야에서 세부적으로 검증이 필요하다고 판단되는 주제를 다듬어 가설을 세운다. 하나의 연구에서 가설이 두 개 이상이 될 수 있는데, 일반적으로는 연구의 전체 규모를 고려하여 실험을 통해 검증할 수 있는 정도로 제한하여 세운다.

3. **자료수집**: 가설 검증에 꼭 필요한 자료를 실험과 다양한 연구 방법들을 동원하여 수집한다. 연구 분야와 주제에 따라 자료를 수집하는 방법이 천차만별이며, 사람을 매개체로 하여 수집될 수도 있고 그렇지 않을 수도

있다. 체계적인 절차를 통해 다시 반복할 수 있는 방법으로 수집하는 것이 중요하다.

4. **자료분석**: 수집된 자료를 분석하는 단계이다. 통계적인 방법이 활용될 수도 있고, 그 이외에 다양한 수리적인 방법이 사용될 수도 있다. 어떤 방법이 사용되든지 간에 처음 세워졌던 가설이 유효한지 그렇지 않은지를 판단할 수 있도록 분석한다.

5. **결론도출**: 분석 단계에서 나타난 결과를 최종적으로 어떻게 해석할 것인지에 대해 기술한다. 통계적인 방법으로 분석되었다면 신뢰수준을 명시한 상태에서 가설의 기각 여부를 제시한다. 문제 선택과 가설 설계 단계에서 제기된 의문을 해소하는 단계이다.

한편 문화기술지 연구에서는 일반적인 정량적 연구에서와 상이한 절차를 따른다. 가장 중요한 차이는 가설의 제시가 연구 내 모든 단계에서 이루어질 수 있다는 것이다. 문화기술지 연구에서는 언제든지 연구 계획이 변경될 수 있기 때문에, 정해진 절차가 별도로 존재하지는 않는다. 대신 대표적인 절차를 표현하면 다음과 같다.

1. **문제선택**: 문화기술지 연구에서는 대개 문제의 선택이 특정 집단이나 사회 현상과 관련된 호기심에서 출발한다. 연구자가 소속된 집단이 대상이 될 수도 있고 그렇지 않을 수도 있다. 사용자 경험 분야와 관련하여서는 특정한 제품이나 서비스, 또는 기업과 관련된 문제로 제한될 수 있다.

2. **자료수집**: 가설을 세우기 전에 먼저 자료 수집을 선행한다. 유사한 연구나 조사가 있었고, 해당 연구, 조사에서 도출된 가설이 있다고 하더라도, 가

능한 편견을 가지지 않은 상태에서 자료를 수집한다. 자료 형태는 관찰로부터 비롯된 각종 영상, 녹음 자료부터 서술형 자료까지 다양하다.

3. **자료분석**: 자료 분석은 수집이 시작되고 나서 얼마 되지 않은 후, 수집이 완료되지 않은 시점에서부터 시작된다. 조사 대상이 사용하는 어휘, 용어, 개념 등과 관련한 분석은 가능하면 일찍 시작하는 것이 연구를 효율적으로 수행하는 데에 도움이 된다. 어휘, 용어, 개념들에 대한 개별적인 분석이 끝나면 이들 간의 관계에 대해서도 탐색해본다.

4. **문화기술지적 가설 설계**: 문화기술지 연구에서 가설은 연구 시작 전에 세우지 않고 최소한의 자료가 수집 및 분석된 이후에 세운다. 전체 연구 계획 변경이 빈번하게 일어나는 문화기술지 연구의 특성상 가설도 수시로 변경될 수 있음을 고려해야 한다. 또한 가설이 연구의 막바지에 정리가 되기는 하지만 검증이 필요 없는 것은 아니다.

5. **결론도출**: 연구 전 단계에서 발생한 다양한 결과물들을 정제하여 표현한다. 이 과정에서 새로운 가설이 나타날 수도 있고, 그것은 추후 연구의 밑바탕이 될 수 있다. 문화기술지 연구의 결과물은 서술을 중심으로 표현되는 경우가 많다.

정량적 연구 방법과 문화기술지 연구 방법의 차이는 연구의 절차 이외에도 다양하게 나타난다. 연구 목적, 목표가 각각 확인적, 탐색적이라는 차이, 앞에서 언급한 연구 절차상에서의 차이뿐만 아니라 몇몇 중요한 차이가 있다.

모든 연구는 연구를 수행하기 위한 도구로서 일련의 절차와 양식을 가진 방법들을 개발하여 사용하고 있다. 어떤 방법들은 구체적이고 특수하지만 학문적으로 또는 실제 현장에서 많이 사용되어오고 자연스럽게 권위가 인정된다. 또 어떤 방법들은 조사의 목적에 맞게 새로 개발되거나 기존 방법을 수정, 보완하여 사용하기 때문에 검증이 필요하기도 하다. 기본적으로는 모든 연구 방법이 자료를 수집하고 분석하는 데 있어서 사용해도 되는 것인지 검증이 필요한데, 정량적 연구의 경우에는 주로 **신뢰도** 측면에서, 문화기술지 연구의 경우에는 주로 **타당도** 측면에서 강점을 보인다.

위와 같은 차이는 자료 형태와 분석 방법에 기인한다. 정량적 연구는 주로 **수치형 자료**를 많이 활용하고 있으며 문화기술지 연구는 주로 **서술형 자료**를 활용한다. 수치형 자료의 경우에는 그 특성상 정확하고 정밀한 분석을 요하기 때문에 재분석을 하더라도 같은 결과가 나와야 한다. 따라서 자료의 신뢰도가 중요하다. 서술형 자료의 경우에는 연구자, 조사자가 기대했건 기대하지 않았건 간에 자료로부터 문맥과 의미를 파악하는 것이 더 중요하다. 신뢰도보다는 타당도 측면에 무게중심이 쏠릴 수밖에 없다. 게다가 상황에 따라 다양한 변수가 작용하고 예측하기 힘든 일반적인 문화기술지 연구에서 재분석 시 항상 동일한 결과가 나오는 것을 기대하기는 어렵다.

그밖에 자료를 분석하고 수집하는 과정에서의 차이가 있다. 정량적 연구에서는 정제된 자료를 도출하기 위해 정해진 절차에 따라 정해진 시점에서

표 2.1 정량적 연구와 문화기술지 연구의 차이

	과학적 정량분석	문화기술지적 분석
연구목표	가설, 이론의 검증	가설, 이론의 발굴, 검증
연구 계획의 변경	거의 없음	빈번함
연구 방법의 검증	신뢰도 강조	타당도 강조
주 책임자의 개입 시점	자료 분석	모든 단계
참여자 섭외 방법	임의적 방식으로 섭외	목적에 맞는 특정인 섭외
자료의 주 형태	수치형	서술형, 수치형
자료의 수집 빈도	한두 번	빈번함
자료 분석 방법	수리적 분석	논리적 분석, 수리적 분석

자료를 수집하는 반면, 문화기술지 연구에서는 의미 있는 서술형 자료를 얻기 위해 모든 단계, 모든 시점에서 일단 자료를 수집하고 기록해놓는다. 이를 위해 참여자 섭외 방법도 달라지는데 정량적 연구에서는 일반화된 결과 도출을 위해 임의적으로 참여자를 섭외하는 반면, 문화기술지 연구에서는 처음부터 연구 목적에 가장 잘 맞는 것으로 여겨지는 정보원을 섭외한다. 수집된 자료는 정량적 연구에서는 주로 수리적으로, 문화기술지 연구에서는 논리적인 방식으로 분석된다.

2.1.4 조사자와 대상 문화의 밀접성

조사자와 대상 문화 간 밀접성이 연구의 성패를 좌우하는 중요 요인 중 하나다. 대상 문화에 대해 잘 알고 있을수록 신뢰성이 높은 연구 결과를 도출할 수 있다. 있을 수 있는 편견을 줄이고, 서술된 내용을 해석하며, 새로운 가설을 도출하는 데 있어서 긍정적으로 작용한다. 만약 조사자의 문화와 언어에는 존재하지는 않지만 대상 문화와 언어에는 존재하는 개념이 있다면 이 효과가 배가될 수 있다.

조사자가 대상 문화와 얼마나 밀접한지, 얼마나 잘 알고 있는지를 나타내는 대표적인 지표로 언어를 들 수 있다. 만약 조사자와 대상자가 서로 다른 언어를 사용하고 있다면, 연구 시에는 대상자의 언어로 소통하고, 분석 결과를 도출하는 과정에는 조사자의 언어로 정리하는 것이 표준 문화기술지 연구의 수행 방법이다.

조사자와 대상자가 같은 언어를 사용하고 있다 하더라도 이 얼개가 뒤바뀌지 않는다. 문화기술지 연구에서는 문화권 안에서 특정 집단이나 소수자를 대상으로 연구하는 경우가 많다. 이때의 대상자가 조사자와 공식적으로 같은 언어를 사용하고 있을 수 있지만, 그 대상자가 속한 집단 내에서 통용되는 단어, 용어, 개념들이 일반적으로 사회에서 통용되지 않을 수 있으므로 설명이 필요하다. 예를 들어 특정 지역에 한정된 연구를 수행하고 해당 지역에서 사투리가 사용되고 있다고 가정하자. 연구 결과를 정리하면서 일반 독자들이 이해하기 쉽게 표준어로 부가 설명이 있어야 한다.

저작의 목적이 다를 수는 있지만 문학에서 나타나는 서술이 대상자의 언어를 가장 잘 담아내고 있는 것으로 여겨진다. 다만, 조사자, 즉 작가 자신이 가장 잘 알고 있는 사회와 문화를 묘사하고 있는 경우에 한한다. 소설에서 드러나는 인물들은 모두 창작의 소산물이지만 그들이 행동하는 양식과 언어는 실제 문화 속의 사람들과 매우 가깝다. 비슷한 맥락에서 일대기와 자서전도 내부자, 즉 대상자의 언어를 잘 표현한다.

치누아 아체베의 《모든 것이 산산이 부서지다》는 가장 좋은 사례로 꼽힌다. 그는 나이지리아 이그보족으로 이그보뿐만 아니라 아프리카 사회와 전통에 대한 관심이 많고, 서구 문화의 침습과 인종차별을 불편한 시각으로 바라본다. 그의 첫 소설이자 아프리카 문학의 대표작인 《모든 것이 산산이 부서지다》가 문화기술지의 훌륭한 사례가 될 수 있는 이유 중에 하나는 바로 국제 공용어인 영어로 쓰였기 때문이다. 이는 내부자가 외부자, 즉 문화 관찰자의 용어로 직접 번역하여 쓴 것으로, 내부자의 언어를 충실하게 담고 있다. 다음은 소설 속에서 이그보족이 서양인을 비판하는 내용 중 일부를 발췌한 것이다.

"우리말조차 하지 못하는데 어떻게 알겠나. 그런데도 백인은 우리 관습이 나쁘다고 말하네. 게다가 백인의 종교를 받아들인 우리 형제들마저 우리의 관습이 나쁘다고 말한다네. 우리 형제들이 우리에게 등을 돌렸는데 어떻게 우리가 싸울 수 있겠는가? 백인은 대단히 영리하네. 종교를 가지고 아무 말 없이 조용히 들어왔네. 우리는 그의 바보짓을 즐기면서 여기에 머물도록 했네. 이제 그가 우리 형제들을 손에 넣었고, 우리 부족은 더 이상 하나로 뭉쳐 행동하지 않네. 그가 우리를 함께 묶어 두었던 것들에 칼을 꽂으니 우리는 산산이 부서지고 말았네.”

조사자와 대상자의 언어가 얼마나 일치하는지, 혹은 어느 정도의 비율로
정리되었는지를 분석하면 서술의 가치를 우회적으로 판단해볼 수 있다. 일
반적인 문화기술지적 서술에서는 **내부자(대상자)**와 **외부자(조사자)**의 언어가
비슷한 비율로 기술되어 있다. 내부자, 외부자가 단일언어를 사용하는 경우
에는 내부자의 점유율이 조금 더 높아질 것이며, 일대기 및 소설에서는 내부
자의 점유율이 훨씬 더 높다고 하겠다.

반면 사회학 연구에서는 내부자의 점유율이 상대적으로 축소된다. 사회학
연구에서도 일반적으로는 정량적 연구 방법을 중시하기 때문에 서술보다는
수치를 이용한 분석이 주를 이룬다. 이 경우에는 내부자 언어보다는 외부자,
즉 조사자가 분석하고 서술한 내용이 중요하게 다루어진다. 한편 내부자

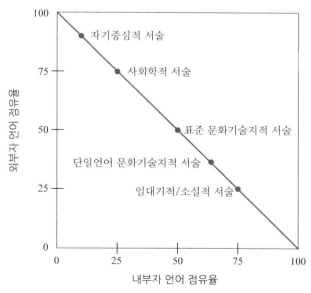

그림 2.3 **다양한 서술 방식 간 내부자와 외부자 언어 점유율 차이**

언어와 외부자 언어 간 균형이 무너지고, 외부자의 관점으로만 기술된 것을 자기중심적 또는 자문화중심적 서술이라 한다.

2.1.5 좋은 대상자의 선정

- 집단 내에서의 대표성
- 경험의 현재 진행 여부
- 조사자와 이질적인 배경
- 주관을 배제한 설명 능력

문화기술지 연구에서는 신뢰도보다 타당도가 중요하기 때문에, 대상 참여자 수를 무작정 늘려서 연구의 신뢰도를 높이는 것보다도 목적에 적합한 대상자를 섭외하여 좋은 서술을 얻어야 한다. 따라서 좋은 대상자를 선정하는 것이 연구 흐름과 결과를 좌우하는 중요한 요인이 된다. 연구자는 대상자 선정 시 대상자의 요건으로 집단 내에서의 대표성, 경험의 현재 진행 여부, 조사자와 이질적인 배경, 주관을 배제한 설명 능력 등을 고려할 필요가 있다.

집단 내에서의 대표성: 대상자가 속한 집단을 얼마나 잘 대표하고 있는지를 면밀히 파악한다. 이를 위해 대상자의 인구통계학 정보, 해당 집단과 관련된 이력 등의 정보를 사전에 숙지하고 연구에 적합한 대상자인지 판단을 내릴 필요가 있다. 해당 집단 내에서의 행태를 분석하는 것이 연구의 주목적이고 결과물이지만, 적합한 대상자의 섭외를 위해서는 사전 연구가 어느 정도 되어 있는 것이 더 좋다. 이는 문화기술지 연구의 딜레마이면서도 중요 특성이다.

인간은 사회적 동물이기 때문에 어느 사회, 어느 문화에 속하건 해당 집단 안에서 적응하기 위해 끊임없이 사회화 과정을 겪는다. 사회화 과정이란 결국 해당 사회 안에서 공유하고 있는 상징, 의미, 개념, 용어, 언어 등을 배워나가는 것이다. 공유된 내용들이 시간의 흐름에 따라 변화하면 계속해서 배워나가야 한다. 문화 내의 한 인간으로 살아가는 방법으로써 문화화라고 지칭하기도 한다. 집단 내에서 대상자가 얼마나 대표성을 많이 가지고 있는지 여부는 사회화, 문화화가 얼마나 잘 되었는지를 여부로 판가름할 수 있다.

경험의 현재 진행 여부: 대상자가 소속된 집단 내에서 현재 활발하게 활동하고 있는지 여부를 파악한다. 조사자는 대상자를 통해 간접적으로 경험을 하는 것이기 때문에, 대상자가 현재 상태의 맥락을 잘 파악하고 있어야 제대로 된 결과물을 얻을 수 있다. 사회와 문화, 그리고 특히 제품 및 서비스와 관련된 현상과 행태는 항상 변화한다. 이 변화의 흐름을 알기 위해서는, 혹은 현재의 문화기술을 얻기 위해서는 현재 활동하고 있는 대상자의 섭외가 필요하다. 대상자가 아무리 베테랑이라고 하더라도 대상 문화, 사회에서 은퇴한 지 오래됐거나 대상 제품, 서비스를 사용하지 않은 지 오래됐다면 좋은 대상자가 아니다.

조사자와 이질적인 배경: 대상자는 가능하면 조사자와 다른 관점에서 사물과 현상, 문화, 사회를 보는 사람이면 좋다. 이를 위해서 조사자와 다른 배경을 가지고 있어야 한다. 만약 조사자와 대상자의 관점이 비슷하다면 조사자가 얻어낼 수 있는 결과물이 별로 없을 수 있다. 조사자 입장에서 너무 익숙하기 때문에 간과할 수 있는 것들을 대상자도 마찬가지로 간과하고 있기 때문에 중요한 실마리를 놓칠 수 있다. 또한 대상자가 조사자의 질문과 생각을 의식해서 대답하고 서술하면 양질의 서술을 얻기 어렵다.

 조사자가 익숙한 문화나 사회에 대해 조사하는 경우에도 조사자는 이 점을 항상 고려해야 한다. 대상자가 조사자와 유사한 배경을 가지고 있더라도,

조사자는 작은 생각의 차이로부터 의미 있는 결과가 도출될 수 있도록 하여야 한다. 이를 위해서는 대상자가 사용하는 어휘, 개념을 민감하게 관찰해서 자신이 알고 있었던 것과 어떤 차이가 있는지를 지켜보고 적절한 질문을 던져야 한다.

주관을 배제한 설명 능력: 문화기술지 연구에서 가설과 결론을 도출하게끔 해주는 가장 중요한 자료는 개별 대상자들의 생각과 의견이다. 기본적으로 사람들의 생각과 의견은 다양하고 모두 주관적이다. 조사자는 이런 다양한 의견을 두루 수집하고 분석하여, 현실을 객관적으로 가장 잘 설명할 수 있는 가설을 만들고 보완해나간다. 가설의 방향이 결정되었을 때 이를 그럴 듯하게 뒷받침해주는 설명적 서술이 필요한데, 이를 만들어주는 대상자의 능력이 무엇보다도 중요하다.

　다만 대상자의 서술에 분석적인 내용이나 주관이 지나치게 배어 있으면 오히려 연구에 방해가 될 수 있다. 현상을 이해하고 관찰한 후 가설을 만들고 분석하는 것은 조사자, 아니 연구자의 몫이기 때문이다. 물론 때로는 대상자가 옳은 분석과 판단을 내리고 연구자의 연구에 영향을 미쳐 좋은 결과물을 유도할 수도 있다. 하지만 연구자가 전체 내용을 모두 소화하고 연구의 모든 단계에 올바르게 관여하지 않은 이상 좋은 연구라고 보기는 어렵다.

2.1.6 조사자와 대상자의 관계 설정

　우리가 일상생활에서 아는 사람과 만나 가벼운 대화를 하는 장면을 상상해보자. 서로의 친근함을 확인하는 가벼운 대화는 유사한 골격을 가지고 있다. 먼저 양쪽에서 인사를 한다. 그 이후 간단한 안부를 포함한 대화를 나누는데 질문과 질문에 대한 답으로 이어진다. 특정 질문이나 주제에 관해서 한쪽이 관심을 표명하면 그 주제로 얼마간 대화가 이어지고, 또 반대로 무관심을 표명함으로써 해당 주제에 대한 대화가 끝이 난다. 그리고 대화를 끝마치기 위해서 상황을 끌어들이든가, 표정, 행동 등을 포함한 다양한 기술을 사용한다.

1. **인사**: "안녕하세요", "오랜만입니다" 등과 같은 명시적인 언어를 사용하거나, 비언어적인 몸짓, 표정을 이용해서 서로 인사를 건넨다. 보통 양측이 어느 정도 시간상 여유가 있는 경우에는 대화의 시작 기점으로 삼는다.

2. **안부인사**: 서로 보지 못했던 사이에 어떠한 일들이 있었는지, 혹은 공통적으로 알고 있는 다른 지인의 안위에는 이상이 없는지 가벼운 안부를 묻고 답한다. 이때 주고받는 대화는 길지 않아도 무방하다.

3. **서로 묻고 답하기**: 본격적인 대화를 나누는 데 주로 질문과 답의 형태로 나타나며 양쪽에서 적당히 번갈아가며 질문을 주고 받는다. 이때 관심 있어 하는 주제에 대해서는 감탄사 등을 활용할 수 있으며, 관심 없는 주제에 대해서는 침묵이 이어진다. 지인 간의 대화에서는 대화 주제를 명시적으로 상정하지 않는다.

4. **대화 끝마치기**: 아는 사람과의 가벼운 대화에서는, 대화를 끝마칠 때 대화를 마감한다는 의사를 별도로 내비치지 않는다. 주로 대화를 끝마쳐야 하는 이유에 대해서 간단히 설명을 하고 자연스럽게 끝낸다.

한편 문화기술지 연구를 위한 인터뷰를 수행한다고 가정해보자. 숙련된 조사자는 가능한 친숙하고 자연스러운 분위기를 연출하여 인터뷰를 진행한다. 대상자 입장에서 조사자가 친밀한 관계라는 느낌을 가질 수 있게끔 가능한 위에서 언급한 일반적인 대화의 골격을 유지하되 필요한 질문을 할 수 있어야 한다. 그리고 분위기가 부자연스러워질 경우 언제든지 가벼운 연구 이외 주제로 화제를 돌릴 수 있어야 한다. 일반적인 대화처럼 인터뷰를 하는 와중에 문화기술지 연구에서 차별적으로 필요한 부분을 정리해보면 다음과 같다. 조사자는 인터뷰 상황을 명확히 하고, 내용의 반복과 축약에 대한 설명을 요구해야 하며 의도적으로 화제를 설정할 수 있어야 한다.

- **인터뷰 상황의 명확화**: 대상자에게는 인터뷰의 진행이 불편할 수 있다. 목적을 정해두고 이야기하는 것이 자연스럽지 않을 수도 있다. 하지만 상호간에 어떤 목적으로 대화를 하는 것인지에 대한 명시적인 이해가 필요하다. 더불어 대화를 기록하고 녹음, 녹화할 수 있다는 것도 반드시 통보해야 한다.

- **내용의 반복과 축약에 대한 설명**: 문화기술지 연구에서 가장 중요한 자료의 형태는 서술형이다. 결국 대상자가 특정한 개념이나 용어, 자신의 의견 등에 대해 설명을 하는 것이다. 자연스러운 대화와 다른 점은 설명을 하는 와중에 내용을 명확히 하기 위해서 반복을 거듭해야 할 수 있다는 점과 일상생활에서는 상호간에 그냥 넘어갈 수도 있는 축약에 대해서 구체적으로 설명할 필요가 있다는 점이다.

- **의도적인 화제 설정**: 일반적인 대화에서는 개인적인 흥미와 의도에 따라 화제가 변경되고 그 와중에 양측에서 흥미와 무관심을 자연스럽게 표명한다. 문화기술지 인터뷰에서 조사자는 자신이 연구에 중요하다고 판단되는 주제에 대해 깊이 있는 설명을 듣기 위해 흥미와 무관심을 적절하게 표명해야 한다. 의도된 화제 설정 및 전환이 자연스러운 분위기에서 이루어질 수 있도록 한다.

또한 문화기술지 연구는 일종의 사람을 대상으로 하는 연구이기 때문에 윤리적으로 지켜야 할 사항들이 있다. 연구를 하다 보면 때로는 결정하기 어려운 상황에 빠질 수 있다. 이때 연구나 분석의 질을 높이기 위해 참여하는 사람의 권리를 침해해도 되지 않을까 하는 유혹에 넘어가서는 안 된다. 미국 인류학협회(AAA, American Anthropological Association)에서 편찬한 내용을 기반으로 정리하면 다음과 같다.

- **연구 대상자가 항상 우선이다:** 연구와 관련하여 이해관계가 존재하여 대상자의 이익을 침해할 소지가 있을 때 대상자를 항상 우선으로 한다. 조사자는 대상자의 신체, 사회, 심리적 안정 및 대상자의 위엄, 사생활을 존중하고 보호할 의무가 있다.

- **연구 대상자의 사생활은 보호되어야 한다:** 연구 대상자들은 모두 익명으로 남겨질 권리가 있다. 연구가 끝나고 나서 오랜 기간이 지난 시점에서도 기록에 의해서 피해를 입지 않게 하기 위해 사적인 부분은 보호될 필요가 있다.

- **연구 목적은 공유되어야 한다:** 대상자가 연구 목적에 대해 확실하게 알고 있어야 한다. 이것은 연구 자체를 성공적으로 이끌게 하기 위한 것뿐만 아니라 대상자도 연구와 이해관계가 얽혀있다는 것을 인정하는 차원에서 이루어지는 것이다. 연구 목적이 변경되더라도 성실하게 공유될 필요가 있다.

- **연구 결과물은 특정 상황을 제외하고 모든 참여자들에게 공개될 수 있어야 한다:** 비교적 정보에서 소외된 참여자라고 볼 수 있는 대상자들까지도 연구 결과물에 접근할 수 있어야 한다. 일반 독자들이 보고서에 자유롭

게 접근할 수 있는 한, 연구 대상자들도 이를 확인할 수 있어야 한다. 단, 연구를 지원한 주체가 공식적으로 대외비를 전제로 지원한 경우는 제외한다.

덧붙여 조사자는 대상자를 **선생님**으로 생각하는 것이 가장 바람직한 문화기술지 연구자로서의 자세라고 할 수 있다. 왜냐하면 대상자는 조사자가 잘 모르는 사회, 문화, 집단의 행동양식에 대해서 해당 언어를 활용하여 가르쳐주는 것이기 때문이다. 문화기술지 연구를 처음 접해보는 대상자들은 선생님으로서의 자질이 부족한 경우가 많지만 연구가 지속되고 소통이 활발하게 이루어지면서 이러한 자질이 커지기 마련이다. 조사자가 대상자를 임의로 추출된 피실험자, 수동적인 응답자, 필요한 것을 재현해주는 배우로 인식하지 않고 능동적인 정보원이자 선생님으로 여길 때 가장 이상적인 문화기술지 연구가 이루어질 수 있다.

2.2 퍼소나

2.2.1 기본 개념

퍼소나(Persona)는 주로 제품 및 서비스의 수혜 대상이 되는 사용자 집단 중에서 특정한 유형의 사용자를 대표하는 **가상의 인물**이다. 페르소나라고도 한다. 사용자 유형이 여러 개인 경우에는 퍼소나도 복수로 만들 수 있다. 인물의 속성을 알 수 있도록 이름과 각종 사회 문화 배경을 묘사한 자료가 인물별로 첨부되어 기술된다. 퍼소나는 다양한 방식으로 응용되어 활용되고 있는데 기본적인 얼개는 이와 같으며 큰 틀에서는 대표적인 사용자 유형을 설명하기 위한 자료로 쓰인다는 점에서 동일하다.

방법론으로서의 퍼소나는 소프트웨어 개발자들과 마케팅 분야의 연구자들에 의해 1990년을 전후하여 체계화되기 시작했다. 앨런 쿠퍼는 《정신병원에서 뛰쳐나온 디자인》에서 자신이 사용했던 최초의 퍼소나에 대해 적고 있다. 그는 1983년에 'Plan*It'이라는 과제 관리 프로그램을 개발하는 과정에서, 프로그램의 완성도를 높이기 위해 남는 시간 동안 짬짬이 캐시가 되어 보는 상상을 했다. 캐시는 과제를 진행하면서 알게 된 실제 사람으로 그녀의 업무는 전통적인 과제 관리였다. 즉, 그녀는 그가 만들 프로그램의 잠재 이용자였다. 그녀와 같은 사람들에게 필요한 기능이 무엇이고 불편한 것은 무엇일까를 상상하며 프로그램을 개발한 것이다. 'Plan*It' 프로그램은 후에 상업적인 성공을 거둔다. 쿠퍼는 이와 관련하여 후에 다음과 같이 말한다.

"컴퓨터가 소스코드를 검증하며 오랜 시간을 보내는 동안, 나는 근처 골프 코스를 산책하곤 했다. 걸으면서 스스로 캐시와 같은 과제 관리자가 되어 역할극을 해보았다. 그 과정에서 큰 소리로 말을 하기도 하고 두 팔을 가지고 제스처를 표현하기도 하였는데, 골프장에 있는 골퍼들이 이상한 눈으로 쳐다보아도 아랑곳하지 않았다. 다른 인물을 동원한 역할극이 복잡한 시스템의 기능적인 측면과 상호작용적인 측면을 설계하는 데 도움이 된다는 사실을 발견한 것이다."

퍼소나는 최근 문화기술지 응용 방법의 하나로 주목받고 있지만, 앞서 기술한 바와 같이 엄밀히 이야기해서 문화기술지 분야에서 활발하게 이용되던 방법은 아니다. 제품 및 서비스와 관련된 분야로부터 자생적으로 발전한 방법으로 볼 수 있다. 다만 제품, 서비스의 사용자 집단 속에서 그들의 행태와 특성을 짚어내려고 한다는 점, 조사자의 역량에 따라 결과의 신뢰도 및 타당도가 좌우된다는 점에서 일반적인 문화기술지 방법과 유사하다.

2.2.2 실용적 관점에서의 필요성

일반적으로 제품이나 서비스는 가능하면 많은 사람들을 수혜대상으로 하는 것이 온당하다. 하지만 모든 사람들을 염두하고 제품 및 서비스를 개발하는 것이 현실적으로는 어려울 때가 많다. 사람들 간에 생각이 다르고 중요시하는 가치가 다르기 때문에 이를 모두 아우를 수 없을뿐더러, 아우르고자한다 해도 결국에는 모두에게 외면 받기 십상이다.

예를 들어 노트북 사용자 중에 두 가지 유형을 특정할 수 있다. 첫 번째 유형은 이동할 때에도 노트북을 휴대하는 경우가 많아서 가능하면 얇고 가벼운 노트북을 선호한다. 들고 다니거나 메고 다니는 가방에도 잘 들어갈 수 있어야 한다. 두 번째 유형은 데스크톱 대용으로 활용하며 주로 집에 놓고 사용한다. 이 경우에는 가끔씩 들고 다닐 수 있을 정도로만 가벼우면 괜찮고 대신 성능이 높으면 높을수록 좋다.

제조사 입장에서는 첫 번째와 두 번째 유형을 분리하여 각 유형을 대상으로 하는 노트북을 출시하는 것이 안정적이다. 모든 유형을 대상으로 하여 하나의 제품을 출시하는 것은 위험 부담이 있다. 왜냐하면 무게 및 두께와 성능 사이에는 상충관계가 있어서 어느 한 요소를 선택하면 다른 요소에서 손해를 볼 수밖에 없기 때문이다. 노트북뿐만 아니라도 이와 같은 사례는 얼마든지 있다.

위와 같은 이유로 현실적으로 제품, 서비스 개발 시에 대상이 되는 사용자 집단을 상정해놓는 경우가 많다. 퍼소나는 그 개별적인 집단의 대표적인 특성을 잘 반영해줌으로써 제품 및 서비스 개발 관계자들이 새로운 기능을 기획하거나 이해하고자 할 때 효율적인 도구가 된다. 잘 만들어진 퍼소나는 직관적으로 사용자를 이해할 수 있게 해주며 그렇기 때문에 다양한 이해관계의 사람들의 의사소통과 의사결정을 쉽게 도와준다.

한편 퍼소나가 연구 방법으로서보다는 실질적인 제품 및 서비스 개발 방법으로서 발달해왔기 때문에 기업 내에서 다양한 부서 전문가의 요구사항과 연관 지어 생각해볼 수 있다. 디자이너 및 개발자, 마케팅 담당자, 고객지원 담당자, 영업 담당자, 시장분석 및 경영지원 담당자 입장에서 퍼소나가 어떻게 쓰일 수 있는지를 정리하면 다음과 같다. 잘 만들어진 퍼소나는 다양한 유관 부서의 소통을 촉진해주고 업무 효율을 높여줄 수 있다.

- **디자이너 및 개발자**: 새로운 제품 및 서비스, 또는 새로운 기능을 기획하거나 구현할 때 퍼소나를 통해 아이디어를 얻을 수 있다. 아이디어를 구체화하는 과정에서 현실적으로 잘 동작할 수 있는지 검증할 때에도 유용하게 사용할 수 있다. 또한 디자이너와 디자이너 간, 디자이너와 개발자 간 의사소통할 때에도 좋은 매개체로 활용 가능하다.

- **마케팅 담당자**: 기 개발된 제품이나 서비스를 시장에 진입시키는 과정에서 퍼소나를 통해 새로운 통찰을 얻을 수 있다. 홍보 전략을 만드는 와중에 대상이 되는 사용자 계층에게 제품 및 서비스가 어떻게 어필할 수 있는지 구체화시키는 데에 도움이 된다. 제품 및 서비스 개발 시에 고려되지 않은 부분을 이용할 수도 있다.

- **고객지원 담당자**: 기업에서 기존에 출시한 제품 및 서비스의 유지보수와 관련된 업무를 하면서 평소에 고객들의 불만을 가장 많이 알게 되며, 고객들과 같이 호흡을 한다. 따라서 비슷한 제품 및 서비스를 기획하는 과정에서 퍼소나를 구체화할 때 많은 도움을 줄 수 있으며, 고객지원 담당자들 또한 제품 및 서비스의 기획/개발 과정에 참여함으로써 장기적으로는 고객의 불만을 최소화할 수 있다.

- **영업 담당자**: 고객지원 담당자들과 같은 맥락에서 연관될 수 있다. 고객

에 대해서 잘 알기 때문에 퍼소나 개발에 도움과 통찰을 제공할 수 있으며, 그들의 업무에도 장기적인 도움이 된다. 제품 및 서비스 개발에 실질적으로 참여하는 과정에서 알게 된 정보를 이용하여 영업 능력을 배가시킬 수 있다.

- **시장분석 및 경영지원 담당자:** 시장 지형을 이해하는 데에 있어서 퍼소나를 통해 직관적인 도움을 받을 수 있다. 현 시점에서 어떤 부분이 보강되어야 하며 추후 사업 기회를 어디에서 찾을 수 있는지에 대한 의사결정에도 도움이 된다. 새로운 제품과 서비스의 기획에도 퍼소나가 큰 역할을 할 수 있다.

2.2.3 구체화 방법

퍼소나의 구체화 절차는 정형화되어 있지 않고 다양하게 제안되어 왔다. 실질적으로 쉽게 활용이 가능한 프루이트와 아들린의 방법을 소개해보고자 한다. 프루이트와 아들린은 그들의 책 《퍼소나 라이프사이클》에서 퍼소나 구체화 절차로 중요 카테고리 정하기, 자료 수집 및 분석, 세부 카테고리 확정 및 퍼소나 골격 도출, 골격 우선순위 선정, 선별된 골격의 구체화, 퍼소나의 검증 등 여섯 가지 단계를 구분하여 제시하였다.

1. **중요 카테고리 정하기:** 사용자 카테고리는 퍼소나를 표현할 때 뼈대가 되는 가장 중요한 요소이다. 어떤 카테고리를 정하느냐에 따라 퍼소나를 개연성이 있으며 생생하게 잘 표현할 수도 있고 그렇지 않을 수도 있다. 퍼소나의 가장 중요한 부분인 만큼 자료를 수집하고 분석하기 전에 조사자의 직관을 통해 먼저 정해본다. 무작정 자료를 기반으로 정하는 경우에는 많은 사람들이 흔히 생각하는 중요한 요인이 빠질 수 있으므로 이러한

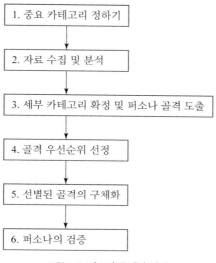

```
┌─────────────────────────────┐
│   1. 중요 카테고리 정하기        │
└─────────────────────────────┘
              │
              ▼
┌─────────────────────────────┐
│   2. 자료 수집 및 분석          │
└─────────────────────────────┘
              │
              ▼
┌─────────────────────────────────────────┐
│  3. 세부 카테고리 확정 및 퍼소나 골격 도출      │
└─────────────────────────────────────────┘
              │
              ▼
┌─────────────────────────────┐
│   4. 골격 우선순위 선정          │
└─────────────────────────────┘
              │
              ▼
┌─────────────────────────────┐
│   5. 선별된 골격의 구체화        │
└─────────────────────────────┘
              │
              ▼
┌─────────────────────────────┐
│   6. 퍼소나의 검증             │
└─────────────────────────────┘
```

그림 2.4 **퍼소나 구체화 절차**

요인을 미리 정의하고 자료 분석을 통해 후에 보완한다.

대표적인 예로 사용자의 역할, 추구하는 가치, 인구통계학적 구분을 구체화시켜보는 것이 적당하다. 우선 사용자의 역할은 직업, 직급에 의해 좌우될 수도 있고 활동에 의해 구분할 수도 있다. 만약 교육용 프로그램 개발을 염두하고 있다면, 선생님과 학생, 그리고 필요시 교육 자료 개발자를 추가할 수 있을 것이다. 이 과정에서 사용자 역할은 때에 따라 변할 수 있다는 것을 주지할 필요가 있다. 기존에 존재하는 것을 완전히 변화시키는 새로운 형태의 제품 및 서비스를 개발하려고 할 때 기존의 역할 구분에 천착하게 되면 새로운 생각을 저해하게 될 수도 있다.

둘째로 사용자가 추구하는 가치가 무엇인가를 생각해본다. 사람들마다 추구하는 가치가 다를 수 있으므로 유형을 구분하는 좋은 척도가 될 수 있다. 가령 교육용 프로그램에서 일반 사용자라고 볼 수 있는 학생을 구분해보자. 공부를 하는 목적이 저마다 다를 수 있는데, 지적인 호기심을 충족시키기 위한 부류, 성적, 학점, 자격을 얻기 위한 수단으로 여기는 부류, 주변의 압력에 못 이겨 어쩔 수 없이 하는 부류 등으로 나누어볼 수 있을 것이다. 추구하는 가치는 시간의 흐름에 따라 변할 수 있다. 마지막으로 인구통계학적 기반에 따라 사용자를 구분할 수 있다. 기존에 다양한 시장 분석에서 활용하는 구분 도구로 기계적으로 도출할 수 있고 의미 있는 경우도 많아 활발하게 이용되고 있다. 마찬가지로 교육용 프로그램의 학생을 예로 들면, 중학생, 고등학생, 대학생, 대학원생 등과 같이 구분하거나 남성 및 여성으로 구분할 수 있을 것이다. 때로는 역할이나 추구하는 가치보다도 중요한 차이를 직관적으로 나타내어줄 수 있다.

2. **자료 수집 및 분석**: 좋은 퍼소나의 개발을 위해서 시간이 허락하는 한 다양한 자료를 수집하여 이를 이용할 수 있다. 각종 보고서, 연구 자료, 언론 보도 자료, 제품 및 서비스 소개 자료 등 만들고자 하는 제품, 서비스와 관련이 있고 다양한 출처로부터 수집한 자료들을 정리한다. 여기에서 정리한다는 것은 이 자료들로부터 중요한 정보를 추출하고 그 정보를 계층적인 형태로 재조정하는 것을 뜻한다. 가능하면 앞 단계에서 만들어진 중요 카테고리를 중심으로 조정될 수 있도록 한다. 이 과정에서 어피니티 다이어그램, 카드 소팅 등의 방법론을 활용할 수 있다. 이러한 방법론들은 일종의 계층화된 정보를 체계적으로 도출할 수 있게 해주는 정형화된 절차를 제공해주는 것으로써 브레인스토밍을 촉진해주는 도구일 뿐이기 때문에 굳이 형식에 얽매일 필요는 없다.

> **어피니티 다이어그램(affinity diagram)**
>
> 인간이 가지고 있는 사유 능력 중에 가장 뛰어난 것 중에 하나가 바로 추상화 능력인 것으로 알려져 왔다. 추상화란 현실 속에서 다양한 변형된

형태로 존재하는 것들을 한데 묶어서 하나의 개념으로 인식하는 방법이다. 인간이 이러한 사고의 과정을 거칠 수 있는 것이 선천적인 능력이든 후천적인 능력이든 간에 인간의 역사와 함께해왔다. 따라서 이러한 사고의 방법은 누군가가 발명했다고 볼 수 없다.

어피니티 다이어그램은 인간의 추상화 사고 과정을 단순히 촉진할 수 있도록 보조해주는 방법이다. 특히 개념의 묶음을 시각화하여 보여줌으로써 여러 사람이 함께 추상화 작업을 할 수 있도록 도와준다. 이 과정에서 포스트잇과 같이 붙였다 뗐다 할 수 있는 간단한 문서 작성 도구가 일을 더 편하게 만들어 준다. 참고로 1960년대에 지로 카와키타라고 하는 일본인이 처음 고안했다고 해서 **KJ 방법론**으로 불리기도 한다. 기본적인 절차는 다음과 같다.

1. 카드나 노트에 아이디어를 간단히 기록한다.
2. 연관이 있어 보이는 카드나 노트를 한 그룹으로 묶는다.
3. 남는 카드가 없을 때까지 묶는 작업을 계속한다.

어피니티 다이어그램의 목적은 여러 명의 동의 아래 신속하고 효율적으로 개념들을 묶어 추상화시키는 것이다. 따라서 카드나 노트에 기록할 때에는 이해하기 쉬운 짧은 어구를 사용하는 것이 좋고, 다양한 그룹으로 묶기 편하도록 넓은 벽이나 칠판을 활용하도록 한다. 또한 이미 그룹으로 묶인 개념들을 다시 추상화하여 묶을 수도 있다. 필요시에는 새로운 그룹의 제목을 지어주도록 한다.

카드 소팅(card sorting)

카드 소팅 방법의 목적은 본질적으로 어피니티 다이어그램과 다르지 않다. 산발적으로 흩어져 있는 정보들을 구조화된 모형으로 만드는 것이 카드 소팅의 목적이다. 구조화된 모형이란 결국에 추상화로 정제된 정보들의 집합인 셈이다.

어피니티 다이어그램이 경영학과 디자인 계통에서 많이 활용된다면 카드 소팅은 공학계열에서 조금 더 활용된다. 이와 같은 배경에서 비롯된 사소한 차이로서, 카드 소팅 방법은 결과의 검증까지 고려한다. 이와 관련해서 어피니티 다이어그램의 참여자가 각기 의사결정의 주체로 참여한다면, 카드 소팅의 참여자는 수리적으로 더 완성된 형태의 결과를 도출하기 위한 피실험자로 참여하는 시각이 있다. 이에 따라 어피니티 다이어그램에서는 토의를 통해 합의하는 방식으로 진행되고, 카드 소팅에서는 각자 독립적으로 분류하는 방식으로 진행된다. 참고로 야곱 닐슨은 카드 소팅에 참여하는 참여자의 숫자가 15명 이상이 되어야 어느 정도 일관성 있는 결과를 도출할 수 있다고 주장한 바 있다. 기본적인 절차는 다음과 같다.

1. 참여자는 단어나 용어, 개념이 적힌 카드 세트를 수령한다.
2. 자신이 논리적이라고 생각하는 바대로 카드를 그룹화한다.
3. 나머지 참여자도 같은 과정을 반복한다.
4. 조사자는 결과를 종합하여 패턴을 발굴하고 이상적인 구조화 모형을 도출한다.

변형된 형태로 **오픈 카드 소팅**(open card sorting)과 **클로즈드 카드 소팅** (closed card sorting) 방식이 존재한다. 두 가지 방식은 카드 소팅의 목적에 따라 달라진다. 오픈 카드 소팅의 경우에는 구조화된 개념을 만들어가는 탐색적인 목적이 있기 때문에 참여자가 새로운 카드를 만드는 것이 허용된다. 반대로 클로즈드 카드 소팅의 경우에는 이미 만들어진 구조화된 개념을 검증하는 확인적인 목적을 가지므로 참여자가 새로운 카드를 만들 수 없다.

어떤 방법론을 활용하든 간에 퍼소나와 관련된 다양한 부서의 관계자들이 모여 자료를 구조화시키는 것이 중요하다. 정보 정리 작업은 그 특성상 혼자서도 진행할 수 있지만, 여러 사람의 동의와 합의를 거쳤을 때 활용 범위가 더 넓어질 수 있을뿐더러 공감대를 형성하고 인정을 받을 수 있다.

수리적, 통계적인 분석을 동원하여 검증하는 것이 어렵거나 불가능하기 때문에 합의가 필요하다고 볼 수 있다.

3. **세부 카테고리 확정 및 퍼소나 골격 도출**: 정리된 계층화된 정보를 바탕으로 퍼소나의 세부 카테고리를 정하고 퍼소나의 기본 골격을 완성한다. 첫 번째 단계에서 중요 카테고리를 정하고, 두 번째 단계에서 중요 카테고리를 기반으로 각종 자료를 구조화하였다. 두 번째 단계에서 수집된 자료와 합의된 정보에 따라 중요 카테고리가 변경될 수 있음을 주지할 필요가 있다. 세 번째 단계에서는 정리된 정보들을 바탕으로 중요 카테고리와 세부 카테고리를 확정 짓는다. 그리고 세부 카테고리에 내재된 대표적인 유형을 바탕으로 간단한 골격을 도출한다.

이때 퍼소나 골격은 단순히 세부 카테고리를 대표하는 유형을 설명하는 것으로서 인격이 부여되지 않은 상태이다. 예를 들어 교육용 프로그램을 사용하는 남학생을 상정했을 때, 컴퓨터를 얼마나 잘 활용하는지를 보여주기 위한 세부 카테고리로 '평소 집에서 컴퓨터를 사용하는 행태'를 들 수 있다. 이 경우에는 컴퓨터를 이용해 주로 게임을 많이 하고 가끔 숙제를 한다는 내용, 주로 사용하는 인터넷 커뮤니티, 포탈, 검색엔진에 대한 내용 등이 기술될 수 있다.

4. **골격 우선순위 선정**: 퍼소나를 완성된 형태로 구체화시키는 노력을 최소화하기 위해 꼭 필요한 퍼소나만을 남길 필요가 있다. 특히 사용자 유형의 개수가 많을 경우에 이와 같은 노력이 필요한데 이른바 골격의 우선순위를 선정하는 작업이다. 중요 카테고리와 세부 카테고리가 확정되면 자연스럽게 다양한 유형이 도출될 수 있다. 기업에서 좋은 제품 및 서비스를 개발할 때 중점적으로 염두하는 사용자 유형이 있는 반면 그렇지 않은 유형도 있다. 골격 우선순위 선정을 통해서 대상이 되는 사용자 유형을 확실히 할 수 있다.

참고로 자료 수집 및 분석 시와 같이 유관 부서의 담당자들을 소집하여 같이 논의하는 것이 좋다. 일단 퍼소나 골격, 즉 사용자 유형이 확정되면 거기에 맞게 기업 내에서의 전략이 새로 바뀔 수 있기 때문에 이와 같은 영향을 고려하여 가능한 다양한 부서의 담당자들이 모인 회의가 필요하다. 물론 극소수의 인원으로 골격의 우선순위를 선정하는 것도 가능하지만 이렇게 선정된 경우에는 응용 범위가 제한될 수밖에 없다.

골격의 우선순위를 선정할 때에는 다음과 같은 지표들을 고려한다. 실제 사용 빈도, 시장 점유율 등이 그것이다. 먼저 사용 빈도의 경우에는 가끔씩 사용하는 유형보다 매일 사용하는 유형을 우대해주는 것이 당연하다. 그리고 이왕이면 시장 규모가 더 큰 쪽으로 가중치를 주는 것이 좋은데, 굳이 틈새 시장을 공략한다면 성장 가능성을 가늠해볼 필요는 있다. 그 외에 특정 사용자층이 전략적으로 중요하다고 여겨지는 경우에도 우선순위를 줄 수 있다.

5. **선별된 골격의 구체화**: 가장 중요한 부분으로는 역시 퍼소나를 구체화하여 도출하는 부분이다. 세부 카테고리에서 기술된 내용 중 모호한 부분을 가능하면 구체적으로 바꾸어준다. 이때 구체적이면서도 가능하면 기술된 내용을 포괄할 수 있으면 좋다. 실제로 있을 법한 특성을 가져야 하기 때문에 필요하면 실제 관찰을 통해 발견한 내용으로 구체화를 진행할 수 있다. 일반대중이 가지고 있는 편견과 고정관념을 이용해도 되지만 이때에는 각별한 주의가 필요하다.

퍼소나에 최종적으로 기술되는 항목들은 퍼소나를 개발하는 목적과 상황에 따라 바뀔 수 있다. 물론 구체화하는 과정에서 바뀌는 것이 아니라 세부 카테고리 자체를 확정하는 과정에서 바뀌는 것을 의미한다. 학문적으로 합의된 틀은 존재하지 않지만 대체로 1) 이름, 직업, 나이, 성별, 사진, 교육 수준, 수입 수준, 거주 지역, 혼인 유무 등의 인구통계학적 정보, 2) 제품 및 서비스와 연관되어 추구하는 가치, 일반적으로 삶 속에서 추구하는 목표 및 동기, 성격 등의 개인 성향 정보, 3) 제품 및 서비스 사용의 숙련된 수준, 보유하고 있는 장비 및 지식, 유사 제품 및 서비스의 사용 경험 등의 개인 능력 및 지식 정보가 포함된다.

한편 이름과 사진은 다른 정보에 비해 선택지가 많고 애매할 수가 있어서 많은 주의가 요구된다. 먼저 이름의 경우에는, 퍼소나 개발팀 내 인력과 같은 이름, 유명 인사의 이름, 흔한 이름, 부정적인 연상을 떠올리게 하는 이름은 회피하고, 가능한 독특하고 차별적인 이름을 짓는 것이 좋다. 사진의 경우에는 특이한 각도로 촬영된 사진, 과한 표정의 사진, 연출되어 다소 가식적으로 보이는 사진은 피하는 것이 좋고, 너무 잘생기거나 예쁘지 않은 사람의 사진, 자연스러운 배경에서 퍼소나 특성을 잘 보여주는 행동을 하고 있는 사진을 선택하는 것이 좋다.

6. **퍼소나의 검증**: 퍼소나 방법론의 가장 큰 약점 중에 하나가 바로 실제로 얼마나 대표성을 가지고 있는지 가늠하기 어렵다는 것이다. 이는 퍼소나를 개발한 팀의 능력에 좌우되는 바가 크다. 그런데 막상 좋은 팀이 만들었다고 해서 좋은 퍼소나가 만들어진다고 보장되는 것도 아니며 잘 만들었는지 제대로 검증하는 것도 어렵다.

우회적인 검증은 다양한 방식으로 해볼 수 있다. 우선 최종적으로 도출된 퍼소나와 중간에 수집된 자료 사이의 내적 일관성을 검토해볼 수 있다. 그리고 얼마나 해당 사용자 계층을 잘 대표하고 있는지를 알아보기 위해서 사용자 경험 전문가와 실제 사용자를 대상으로 검토를 받아볼 수 있다. 불특정 다수의 사용자를 대상으로 광범위하게 설문 조사를 해봄으로써 정량적으로 분석해볼 수도 있다. 덧붙여 퍼소나가 사용자 유형을 잘 대표하고 있는지 뿐만 아니라 사용자 유형이 알맞게 잘 분류가 되었는지도 진단해볼 필요가 있다.

2.2.4 개발의 어려움과 한계

잘 만들어진 퍼소나가 조직이나 직장 안에서 동의되기 어려운 현실적인 상황들이 있다. 첫째로, 만약 기업 내에서 만들어진 경우 기업 내 상부구조에 의해 직접 추진되었거나 지원과 동의를 받지 못했다면 다른 부서에서 받아들여지지 못할 가능성이 많다. 둘째, 퍼소나는 기본적으로 허구적인 결과물을 도출하지만, 이것이 실제 현존하는 자료와 체계적인 절차에 기반하지 않으면 실패할 수 있다. 셋째, 많은 일이 그렇듯이 퍼소나를 개발하는 관계자들의 소통이 부족하면 결과물의 완성도가 떨어질 수 있다. 넷째, 실제로 퍼소나와 연계된 부서와 담당자들, 예컨대 디자이너 및 개발자, 마케팅 담당자, 고객지원 담당자, 영업 담당자, 시장분석 및 경영지원 담당자들의 이해가 부족하면 활용성이 떨어질 수밖에 없다.

- 기업 내 주도적인 조직에서의 지원 및 인정을 받지 못하는 경우
- 현실 속에 존재하는 자료와 체계적인 절차로 도출되지 않은 경우
- 퍼소나 개발 내부 인원 간 소통이 부족한 경우
- 퍼소나를 실질적으로 활용할 수 있는 부서 담당자의 이해가 부족한 경우

이렇듯 상황과 조건에 따라 퍼소나가 얼마나 잘 수용되는지가 변하는 것은, 퍼소나가 가지고 있는 근본적인 한계와도 연관이 있다. 얼핏 보기에는 체계적이고 복잡한 절차를 거쳐 완성도 높은 결과물을 도출하는 것 같지만 과학적이라기보다는 퍼소나 개발자들의 직관과 관련인의 동의에 의존한다. 정량적인 연구에 비해 검증이 어렵다. 즉 타당도에 비해 상대적으로 신뢰도가 떨어진다. 이점에서는 여느 문화기술지 연구와 같다.

더불어 명심해야 할 것은 퍼소나는 그 자체로 기업의 생산물이 아니라

더 좋은 제품과 서비스를 만들기 위한 수단이라는 것이다. 따라서 무작정 퍼소나의 완성도를 높이기 위해 많은 역량을 투자하는 것이 때로는 기업 활동에 저해를 가져올 수도 있다. 퍼소나를 만든 이후에 어떻게 활용할 것인가를 고려하고 이에 맞는 수준에서의 역량 투자가 필요하다. 같은 맥락에서 퍼소나의 개발 절차는 적절하게 효율적으로 이루어질 수 있어야 한다.

다른 많은 방법론들과 같이 퍼소나가 만병통치약이 아닌 것을 주지할 필요가 있다. 다만, 한계범위 내에서 그 효용성을 극대화시키고자 한다면 더 좋은 제품 및 서비스를 만드는 데 충분히 기여할 수 있을 것이다. 잘 만들어진 퍼소나는 제품 및 서비스와 관련하여 조직이나 기업 내는 물론이고 사용자들에게도 직관적으로 인지시킬 수 있고 여러 방면에서 시너지 효과를 낼 수 있다. 그러기 위해서는 퍼소나의 개발 절차와 내용물을 엄격하게 준수하는 것보다는 문화기술지 조사의 기본에 충실할 필요가 있다. 사용자를 탐구하고 이해하기 위해 끊임없이 관찰하는 것이다.

2.3 경험 표집법

2.3.1 기본 개념

사람들의 경험을 수집하기 위한 시도는 오래 전부터 이루어져왔다. 이러한 시도는 심리학, 교육학 등의 사회과학부터 공학, 디자인 분야에 이르기까지 사람을 대상으로 하는 거의 모든 학문 분야에서 이루어졌다. 사람을 대상으로 하는 연구활동에서 인간의 경험은 그 하나하나가 모두 분석의 재료가 되기 때문에 중요하다. 문화기술지라고 하는 큰 학문의 틀도 결국에는 인간의 경험을 수집해서 분석하는 방법들을 아우르는 것이다.

경험 표집법(ESM, Experience Sampling Method), 또는 경험 추출법은

경험을 수집하는 주요한 방법 가운데 하나로 알려져 있다. 특정인이 처한 상황과 그 상황과 연관된 경험에 관한 정보를 수집하는 것이 목적이라고 할 수 있다. 경험 표집법의 가장 큰 특징은 임의의 시간에 특정인이 겪고 있는 경험을 그 사람이 느끼고 생각하는 바대로 정리하게끔 한 뒤 이를 모아 엮는 것이다. 이 때 정리 방식은 연구의 목적에 따라 미리 주어지는데 정형화된 양식은 없다.

경험 표집법이 등장하게 된 배경은 **관찰**과 **일기**의 한계점을 극복하기 위한 것이다. 먼저 전통적이고 순수한 문화기술지 연구 방식은 조사자의 관찰에 의존한다. 조사자는 관찰의 방식을 통해 무슨 일이 일어나는지 확인할 수 있고 상황과 맥락을 이해할 수 있다. 하지만 대상자가 생각하고 느끼는 내적 경험에 대해서는 알 길이 없다. 특히 대상자가 외부로 공개하기 어려운 사생활에 대해서는 아무리 연구라지만 정확하게 알기 힘든 노릇이다. 경험 표집법은 대상자가 자신의 경험을 직접 기록하게 함으로써 이와 같은 관찰 방식의 한계를 극복하고자 한다.

또 다른 한편으로 대상자에게 일기를 쓰게 하는 방식이 있다. 물론 경험 표집법도 대상자의 의견을 통해 경험을 수집한다는 점에서 넓은 의미에서의 일기 방식으로 보는 견해도 있다. 하지만 일반적인 일기가 하루 일과 중에 있었던 중요한 일들을 회상하여 써내려 가는 것이라고 정의하면, 하루 중 임의의 시간에 몇 번이고 경험 기록을 요청하는 경험 표집법과는 다소 차이가 있다. 이때 경험 표집법의 가장 큰 강점은 대상자의 회상에 의존할 필요가 없다는 것이다. 하루 안에 벌어진 일이라고 해도 시간이 지난 경험을 되새기다 보면 자극적이지 않은 경험은 잊혀질 가능성이 높고 그 시간에 느꼈던 감정도 왜곡될 수 있다. 경험 표집법은 회상으로부터 비롯되는 왜곡을 최소화시켜 준다.

2.3.2 실험 장비와 그 역사

조사 대상자에게 불시에 요청을 하여 기록을 받아내기 위해서는 통신 장비의 힘이 필요하다. 이와 같은 특성 때문에 경험 표집법은 20세기 후반인 1970년대가 되어서야 실제로 적용되기 시작했다. 초기 경험 표집법은 삐삐와 유사한 장비를 가지고 진행되었다. 1990년대 중반에 나온 것처럼 번호가 찍히거나 음성을 녹음할 수 있는 형태가 아니라 단순히 신호를 보내고 받을 수만 있었다. 그것도 기계별로 신호를 별도로 보낼 수가 없고 일괄적으로만 보내게 되어 있었고, 두꺼운 콘크리트 벽을 통과하지 못했으며, 거리는 반경 50 km 정도로 한정되어 있었다. 경험 표집법을 고안하고 발전시키는 데에 큰 역할을 한 미하이 칙센트미하이 교수는 다음과 같이 말한다.

"처음에 우리는 조사 대상자들에게 하루 중 있었던 가장 기억에 남는 일을 일기로 적어내도록 하였다. 그러나 그들의 획일적이고 메말라있는 일기를 보면서 이 방법은 아니라는 것을 깨달았다. 당시 대학원생이었던 수잔느와 문제 해결을 위한 대화 중에 삐삐를 일종의 자가 기록 알림 장치로 사용하는 것이 좋겠다고 결정했고, 바로 실행에 옮겨 보았다. 실험 결과, 처음에는 주제넘은 내용들이 나타나다가 곧 매우 흥미로운 내용들이 많이 나타났다. 한 사람, 한 사람의 자료가 믿을 수 없이 풍성하게 수집되었다."

경험 표집법이 발전하던 초기에는 경험을 기록하기 위한 장비가 별도로 존재하지 않았다. 당시 기술로는 있을 수도 없었다. 따라서 조사 대상자들은 종이와 펜을 따로 들고 다녀야 했다. 삐삐가 울리면 종이를 꺼내서 정해진 양식대로 기록을 하는 방식이었다. 종이와 펜으로 기록하는 방식은 비용이 많이 들지 않는다는 장점이 있지만, 내용을 수합하고 옮기는 와중에서 누락되는 경우가 발생하기도 했고 시간도 많이 소요되는 단점이 있다.

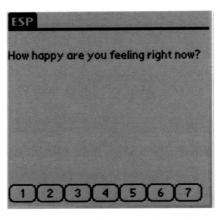

그림 2.5 PDA를 이용한 경험 수집 예

그러던 것이 2000년을 전후하여 PDA(Personal Data Assistant)가 등장하면서 경험 표집법 연구가 비약적으로 발전하기 시작했다. 삐삐가 별도로 필요하지 않고, 기록을 위한 종이와 펜도 따로 필요하지 않았다. PDA를 통해 기록 요청과 기록이 한 번에 진행되었다. 필요하면 별도 모듈을 연계하여 주변 사진을 찍을 수 있게 하기도 하였다. 그리고 경험 표집이 가능한 무료 소프트웨어들도 등장함에 따라 연구자들이 조사를 하기 위한 진입 장벽이 더 낮아졌다.

기술 발전은 그 모든 제반 분야의 발전을 동반한다. 최근에는 스마트폰을 이용한 경험 표집법 연구가 활발하게 진행되기 시작하였다. 경험 표집법은 PDA를 이용하는 조사 방법론으로 각인된 탓에 낡은 방식으로 치부되기도 하지만, 따지고 보면 장비가 중요한 것이 아니다. 스마트폰은 통신 모듈과 카메라, 그리고 기록을 위한 가상 키보드 등 경험 표집법을 수행하기 위한 최적의 장비로 여길 수 있을 만큼 조사에 필요한 것은 무엇이든지 다 갖추었다. 운영체제를 막론하고 정형화된 체계를 갖춘 무료 애플리케이션들도 많이 존재하며, 따라서 다른 장비를 사용할 필요가 없다. 대체로 현대인들은

그림 2.6 스마트폰을 이용한 경험 수집 예

언제 어디에서나 스마트폰을 가지고 다니기 때문이다.

2.3.3 실험 계획 방법

- 주제 및 대상자 선정
- 기록 요청 주기와 실험 기간
- 기록 양식 개발

경험 표집법은 문화기술지 연구의 한 갈래이고 넓은 의미에서 행태를 조사하는 방법 중에 하나이기 때문에, 일반적인 조사 연구 방법을 통해 실험을 계획할 수 있다. 다만 조사자가 대상자에게 원격으로 기록을 요청하는 특성상, 다른 연구 방법과 차별화되는 부분이 존재할 수 있다. 주제 및 대상자 선정, 기록 요청 주기와 실험 기간, 기록 양식 개발과 관련한 상세한 내용은 다음과 같다.

주제 및 대상자 선정: 모든 연구와 개발이 그렇듯이 적절한 주제와 목표가 그 성패를 좌우한다. 경험 표집법은 특정한 대상자들의 경험을 수집하고자 하는 것인데, 연구 개발의 주제와 목표에 따라 알맞은 대상자를 선정하는 것이 중요하다. 다른 많은 방법론에서도 그렇듯이 주제 및 대상자를 선정하는 작업은 중요성은 매우 높지만 왕도가 없다. 정확히 말하면 일반적인 연구나 개발에서 수행되는 절차를 따르면 무리가 없다.

다만 대상자 선정의 경우에는 경험 표집법 조사의 특성상 주의해야 할 점이 있다. 첫째로 자기 주도적으로 경험 수집이 가능한 사람이어야 한다. 읽기 쓰기가 잘 되지 않는 너무 어린 참여자의 경우 조사 대상으로서 부적격하다. 둘째로 조사에 참여할 수 있을 정도로 최소한의 여유가 있어야 한다. 아무리 기록 시간이 짧다고 하더라도 너무 바쁜 참여자의 경우 기록이 누락되는 일이 발생할 여지가 많다. 예를 들어 기업의 임원이라든지 일상 업무가 너무 바쁜 전문직 종사자 등의 참여자와 같이 시간적인 여유를 스스로 결정할 수 없는 경우에는 조사가 제대로 이루어지기 어렵다.

일단 대상자가 선정이 되면 적절한 오리엔테이션 회의가 반드시 필요하다. 일반적인 문화기록지 연구와는 다르게 관찰 시점만을 연구자가 정할 뿐 실제로 생각하고 기록하는 것을 대상자가 직접 수행하기 때문에 이에 대한 학습이 이루어져야 한다. 오리엔테이션 회의를 여러 번에 걸쳐 길게 하기가 어려운 경우가 많기 때문에 짧은 시간 동안에 연구 개발의 주제,

목적, 그리고 기록 방법에 대해 효율적인 설명이 이루어질 필요가 있다. 같은 맥락에서 파일럿 시험도 중요하다고 하겠다.

기록 요청 주기와 실험 기간: 조사 대상자에게 연락을 돌리는 세 가지 유형이 존재한다. 무작위추출법(signal-contingent sampling), 고정간격추출법(interval-contingent sampling), 사건연계추출법(event-contingent sampling)이 그것이다. 먼저 무작위추출법은 경험 표집법의 대표적인 기록 요청 방법으로 말 그대로 임의의 시간에 기록 요청 신호를 전달하는 것이다. 과반 이상의 경험 표집법 사용 연구가 무작위추출법을 사용하였으며 일반적인 일기 요청 방법에 대한 비교우위도 무작위 신호 전달에서 나온다. 고정간격추출법은 간격을 정해놓고 대상자에게 신호를 보내는 방법으로 대상자는 신호의 시점을 어느 정도 예측을 할 수 있고 그에 따라 미리 준비를 할 수 있다. 예컨대 세 시간에 한 번씩 자료를 기록하게끔 하는 방법이 있다. 마지막으로 사건연계추출법은 특정 사건이 발생했을 경우에 기록을 수행하도록 하는 것이다. 이 경우에 조사자가 보내는 신호는 기록과 관련이 없을 수도 있지만 대상자가 실험에 참여하고 있다는 경각심을 유지하는 데에 도움을 줄 수 있다.

유형에 상관없이 하루에 기록 요청을 몇 번 정도 할 것인지, 그리고 전체 기간을 몇 일로 할 것인지 정하는 것은 중요한 문제이다. 정해진 숫자는 없지만 확실한 것은 대상자의 부담과 풍부한 실험 자료의 수집 사이에서 균형점을 찾아야 한다는 것이다. 사회과학 분야에서 활용되고 있는 양상을 보면 대개 1주일에서 2주일 사이를 전체 기간으로 두고, 하루 평균 8번에서 12번의 기록 요청 신호를 보내는 것으로 알려져 있다.

기록 요청 빈도와 전체 기간을 정할 때에 현실적으로 고려할 수 있는 지표는 기록에 걸리는 예상 시간이다. 이는 기록지의 설계와 관련이 있을 것이다. 만약 2분 이내로 매우 짧게 기록할 수 있는 경우에는 2주 이상의

표 2.2 예상 기록 시간에 따른 적정 기간 및 빈도

예상 기록 시간	전체 실험 기간	일일 기록 요청 빈도
짧음(30초~2분 이내)	2주 이상 가능	6~10번 가능
김(수분 이상)	1주 이내 권장	6번 이내 권장

장기간 실험이 가능하며 기록 요청 빈도도 10번 내외로 정할 수 있다. 한편 2~3분 이상 걸리는 경우, 특히 10분 이상 걸리는 경우에는 기간과 빈도를 엄격하게 제한할 필요가 있다. 실험 기간은 일주일을 넘지 않도록 하며 요청 빈도도 가능한 작게 산정한다.

기록양식개발: 기록 양식은 연구와 개발의 주제와 목적에 따라 달라진다. 일반적인 설문의 양식을 따르되 경험 표집법의 특성상 차별화되는 지점이 있다. 첫째, 가능한 기록의 부담을 줄여야 한다. 이를 위해서 앞에서 언급한 것처럼 기록에 걸리는 시간을 2분 이내로 안배하는 것이 좋다. 뿐만 아니라 상황 및 환경에 대한 항목(예: 날짜, 시간, 장소, 활동 유형)을 먼저 배치하고 내적인 성찰이 필요한 항목(예: 감정, 감성)을 뒤에 배치하는 것이 도움이 된다. 정신적 부담이 적은 항목을 앞에 배치함으로써 기록의 효율을 높일 수 있기 때문이다.

둘째, 가능하면 주관식 항목보다는 평점을 매기는 항목으로 구성한다. 첫 번째 원칙과 비슷한 맥락이다. 답변하고 기록하는 데 긴 설명이 필요한 항목들은 시간이 오래 걸리기 때문에, 조사자의 입장에서 질 좋은 내용을 받아볼 수는 있어도 조사의 효율을 떨어뜨릴 수 있다. 활동이나 상황을 설명하는 꼭 필요한 항목을 제외하고는 점수로 평가할 수 있는 항목들을 배치한다. 기록의 부담도 줄이고, 후에 정량적 분석이 가능하다는 장점이 있다.

셋째, 내적인 변화를 관찰할 수 있는 방향으로 항목을 구성한다. 가능하면 다른 사람과 비교한다든지 외부 객관적인 시각에서 봤을 때 현재 상태가 어떠한지를 묻는 항목들은 제외하고 내적인 변화를 포착할 수 있는 항목들을 포함시킨다. 경험 표집법의 특성상 하루에도 몇 차례 기록을 요청하기 때문에 시간의 흐름에 따라 경험과 생각, 의견이 어떻게 변화하고 있는지를 아는 것이 중요하고, 실제로 이 부분에서 다른 방법론과 대비하여 차별성이 존재한다.

2.3.4 근본적인 한계

경험 표집법은 문화기술지와 관련된 다른 연구 방법이 실현해줄 수 없는 차별화된 요소들을 가지고 있다. 왜곡되지 않은 생생하고 풍부한 정보를 수집할 수 있다는 것이다. 그러나 한편으로는 모든 조사 방법이 그렇듯이 단점을 가지고 있다. 경험 표집법의 한계는 여러 학자들에 의해 보고된 바가 있으며 다양한 측면에서 다루어지고 있다. 그 중에서도 근본적인 한계점이 있으니 조사 대상자의 부담과 기록의 충실성 및 신뢰성에 대한 것이다. 상세한 내용은 다음과 같다.

조사 대상자의 부담: 경험 표집법은 적어도 일주일간 지속되고 하루에서 수차례 연락을 받아 기록을 해야 하므로 실질적인 부담이 있을 수밖에 없다. 조사의 대상자가 웬만큼 성실하지 않고서는 모든 요청에 응답하고 기록하기 힘들 수 있다. 기록에 대한 부담을 최소화하기 위해 기록에 드는 물리적인 시간을 수분 이내로 제한하였다고 하더라도 그 부담이 존재한다. 실제로 경험 표집법의 연구들이 이루어지는 과정을 관찰해보면, 조사 중간에 참여를 중단하고자 하는 대상자가 적지 않음을 알 수 있다.

피상적인 관점에서 보아도 조사 대상자의 부담이 상당한 편인데, 대상자의 입장에서 그 압박감은 굉장히 크다. 임의의 시간에 기록을 하다 보면 불편한 상황이 발생할 수밖에 없는데, 예를 들어 직장에서 중요한 회의를 하고 있거나, 종교적으로 경건하게 의미 있는 활동을 하고 있을 때 부담의 정도가 증가한다. 이 부담들은 결국 비용의 증가로 이어진다. 경험 표집법은 이와 같은 사례들을 들어 많은 비판을 받고 있다.

기록의 충실성 및 신뢰성: 경험 표집법 방법을 실행할 때 대상자의 부담을 경감시켜주기 위해 기록물의 양과 내용을 조절해야 한다. 뒤집어 이야기하면 경험 표집법으로 수집하는 정보의 질과 대상자의 부담이 상충관계에 있다는 것이다. 조사를 수월하게 진행시키기 위해서는 기록의 질을 떨어뜨릴 수밖에 없고, 그 반대로 기록의 질을 높이면 대상자 중에서 조기 이탈자가 늘어나거나 지원 자체가 저조하게 된다.

한편 일반적인 경험 표집법에서는 기록의 시점을 연구자가 정하는데, 오히려 이 방법 때문에 중요한 사건을 놓치는 경우가 발생한다. 일기와 같이 하루를 마감하는 시점에서 회상에 의존하여 기록물을 작성하는 경우에는 기록이 작위적이거나 추상적으로 이루어지는 단점이 있는 대신 일기를 쓰는 주체가 중요하다고 판단하는 일이 요약되어 정리되는 장점이 있다. 경험 표집법에서는 조사 대상자가 중요하다고 여기는 일조차 누락될 수 있는 위험을 안고 있다.

2.4 일상 재구성법

2.4.1 기본 개념

일상 재구성법(Day Reconstruction Method)은 2000년을 전후하여 다니엘 카네만 등의 학자를 주축으로 하여 개발되었다. 기본적으로는 일기와 유사한 개념으로 그날 또는 전날 하루에 있었던 일을 정리하는 형태를 따르고 있다.

하지만 경험 수집에 특화된 양식을 따른다는 점에서 일반적인 일기와는 차별되는 부분이 있어 단순한 일기 수집 방법으로 일반화시키기는 어렵다.

　다니엘 카네만에 의해 정리된 양식을 보면 정리의 양식은 크게 두 가지 골격을 따르고 있다. 첫째, 개인적 일기 부분이다. 이 부분은 조사자가 직접 수집하지 않는 부분으로, 조사 대상자가 하루의 일상을 기억에 의존해 재구성하는 데 도움을 줄 수 있게 하기 위한 부분이다. 일기 양식의 줄글을 따름으로써 하루 동안 있었던 일을 자연스럽게 떠올릴 수 있게 할 수 있다. 또한 줄글로 정리하면서 어떤 일이 중요했고 또 어떤 일이 그렇지 않았는지 스스로 파악할 수 있게 해준다. 한편 둘째 단계에서 정리를 수월하게 할 수 있게끔 하기 위해 줄글에 포함된 사건들을 시작 및 종료 시간, 느낀 감정, 사건의 이름 등을 별도로 정리해 놓는다.

　둘째 단계는 본격적인 경험 기록 단계이다. 첫째 단계는 대상자 입장에서 남에게 공개하기를 꺼려하는 사적인 기록이 포함되어 있는 반면, 둘째 단계는 조사 당사자들에게 모두 공개되는 공적인 기록들로만 이루어져 있다. 이 과정에서 조사 대상자는 자신이 경험한 다양한 사건들 중에서 중요하다고 판단되는 사건을 특정하여 자세히 기록한다. 기록은 부담을 최소화하고 분석의 효율성을 높이기 위해, 객관식 질의 유형과 점수 평가로 이루어져 있다.

2.4.2 기록 내용과 방법

　앞서 조사 대상자가 일상 재구성법을 통해 기록하는 두 가지 단계에 대해 간단히 기술하였다. 이 중에서 둘째 단계가 조사자의 분석을 돕기 위한 본격적인 기록의 단계인데, 이는 다시 두 부분으로 나뉜다. 첫째는 특정 사건을 육하원칙과 유사한 형태로 상황을 설명해주는 부분이고, 둘째 부분은 해당 사건과 연관된 감정을 점수화하여 표기하는 부분이다.

우선 첫째 부분에서는 조사 대상자가 사건의 시작 시간과 끝나는 시간, 그리고 그 이외의 상황 설명 요소를 기록한다. 조사 대상자의 편의를 높이기 위해 무엇을 하고 있었는지, 어디에 있었는지, 누구와 있었는지 등의 정보를 선택할 수 있게끔 하는 항목이 있다. 이때 각 유형은 조사자가 사전 조사를 통해 구체화할 수 있으며 분석 시 비교에 활용될 수 있다.

둘째 부분에서는 조사 대상자가 해당 사건과 연관된 감정을 점수로 평가한다. 다니엘 카네만과 그 동료들은 6점 척도를 주로 사용하였으나, 일반적인 사회조사 방법에 따라 10점, 100점 등 다양하게 변형하여 사용할 수 있다. 이 부분의 핵심은 다양한 감정이 시간대별로 어떻게 변화하는지 추이를 사후 분석을 통해 볼 수 있게끔 하는 것이다. 경험을 정량화하여 내적인 변화를 정량화하여 제시한다는 점에서 경험 표집법과 같은 용도를 가진다고 볼 수 있다. 또한 이러한 정량적 효용성 때문에 경험 표집법과 더불어 일상 재구성법이 문화기술지 테두리 내에서 다양하게 활용되고 있다고 볼 수 있다.

모든 방법론이 그렇듯이 일상 재구성법도 그 절차를 변형하여 활용하는 것이 가능하다. 연구의 목적과 대상에 맞게 기록의 양식을 변형시키는 것이 때로는 적절할 수 있으며 그 효과가 더욱 클 수도 있다. 일상 재구성법에서 수집하는 감정 및 의견들은 참을 수 없는 정도, 행복, 좌절, 우울, 성취, 귀찮음, 친절, 적대감, 걱정, 즐거움, 비판 의식, 피곤 등에 대한 것인데 때에 따라서는 이 중 일부만 수집할 수 있으며 필요시 새로운 감정, 느낌, 의견에 관한 지표를 추가할 수도 있을 것이다.

2.4.3 경험 표집법과의 비교

일상 재구성법이 등장하게 된 배경 자체가 경험 표집법의 단점을 보완하기 위한 것이었기 때문에 경험 표집법과 비교하지 않을 수 없다. 경험 표집법은 조사자가 원하는 임의의 시간에 기록을 요청하여 조사 대상자가 짧게 기록을 하는 방식, 그리고 일상 재구성법은 조사 대상자가 하루를 단위로 중요 사건과 느낀 점을 기록하고 정리하는 방식이라는 점에 기반하여 비교하면 다음과 같다.

일상 재구성법은 임의의 시간에 조사 대상자에게 연락을 하거나 요청하지 않기 때문에 대상자 입장에서는 일상생활 침해 요인이 거의 없을뿐더러 부담이 적어진다. 또한 임의의 시간을 전후한 경험만 수집하는 것이 아니라 하루 전체에 있었던 일 중에 중요한 사건을 정리할 수 있기 때문에, 조사 대상자가 중요하다고 판단되는 사건이 누락되는 일이 적다. 이와 같은 점은 경험 표집법과 대비하여 차별적으로 두드러진다.

반면 일상 재구성법은 기억 의존도가 높고, 기록자와 조사자가 분리되어 있다는 점에서 정보의 왜곡 가능성이 있다는 단점이 있다. 이와 같은 단점은 경험 표집법의 장점이기도 하다. 경험 표집법은 기억 의존성이 적고, 정보의 왜곡 가능성이 적다는 장점이 있다. 더불어 조사 대상자는 중요하지 않다고 판단했지만 조사자 입장에서 참신하고 중요한 발견을 할 수 있는 경험의 실마리들이 기록될 수 있다. 경험 표집법의 이와 같은 장점들은 일상 재구성법으로 극복되지 못하기 때문에, 이를 통해 일상 재구성법이 경험 표집법을 완전히 대체할 수 없다는 사실을 알 수 있다.

표 2.3 일상 재구성법과 경험 표집법의 비교 (표 내 순서 변경 필요)

	경험 표집법	일상 재구성법
장점	• 기억 의존성 최소화 • 왜곡되지 않은 정보 수집 가능 • (조사 대상자가 중요치 않다고 판단한) 새로운 경험 수집 가능	• 조사 대상자의 부담 완화 • 조사 대상자 일상 침해 없음 • 하루 전체 조망 가능
단점	• 조사 대상자의 부담이 많음 • 시간과 비용 소모 • 기록의 충실성 및 신뢰성이 낮음	• 기억 의존성이 높음 • 기록자의 자체 검열로 정보 왜곡 가능 • 조사자를 의식한 작위적 기록 가능성

2.5 섀도 트래킹

2.5.1 기본 개념

섀도 트래킹(Shadow tracking) 또는 섀도잉(Shadowing)은 조사자가 조사의 대상자에게 밀착하여 관찰하는 조사 양식이다. 한 번에 한 명의 대상자를 섭외하여 그 대상자가 어디에서 무엇을 하든지 간에 그림자처럼 따라다닌다고 하여 섀도라는 수식어가 붙었다. 문화기술지 연구 방법의 가장 기본이 되는 방법이 바로 관찰이기 때문에 오래 전부터 사용되어왔으면서도 그 활용되는 양식이 다양함에 따라 정형화되어 있지는 않다.

다만, 일반 사회학, 인류학에서 활용되어 오던 것이 경영학, 마케팅에 응용되기 시작하면서 그 절차와 방법이 정리되어왔다. 주로 특정한 조직의 생리에 대해서 분석하고 관찰할 때, 그 조직원 중 한 명을 선정하여 하루 동안 또는 한 달까지도 밀착하여 관찰한다. 대상자 입장에서는 경험 표집법보다도 더 부담스러울 수 있으며, 조사자 입장에서는 가능한 짧은 시간 내에 다양한 자료를 얻으려고 하다 보니, 사전의 협의부터 시작하여 자료 수집까지 과정에서 주의할 점이 많다.

조사자가 하는 역할은 간단하다. 조사 대상자가 어디를 가든지 간에 곁에서 관찰한다. 예컨대 업무 회의를 가든지, 동료나 친구들과 사적인 일로 차를 마시든지 따라다닌다. 조사 기간이 하루 중 출근하면서 퇴근하기 전까지로 상정이 되어 있으면 그 사이에 밀착 관찰하고, 하루보다 짧거나 여러 일 지속되면 그에 맞게 따라다닌다. 특정 제품의 사용과 연관되어 있는 경우에는 하루 종일 붙어있기보다 수시간 동안만 관찰하기도 한다.

조사자는 관찰을 하는 와중에 보기만 하는 것이 아니라 다양한 질문을 던져야 한다. 특정한 상황이 어떠한 상황인지 확실히 파악하기 위해 확인하는 질문을 할 수도 있고, 대상자가 사용한 용어나 언어의 의미를 물을 수도 있다. 또한 대상자의 행동 목적, 그리고 행동하지는 않았지만 특정한 상황 속에서 어떠한 의도를 갖고 있었던 것인지에 대해서도 질문을 할 수 있다. 대상자가 질문에 대해 답을 하면 그것을 모두 기록할 필요가 있고, 언어적인 표현뿐만 아니라 표정, 몸짓도 가능한 풍부하게 기록해 놓는다.

2.5.2 실험 절차 및 방법

문화기술지 연구의 가장 큰 특성 중에 하나가 연구 절차 및 방법이 정형화 되어 있지 않다는 것이다. 섀도 트래킹 또한 문화기술지 연구의 대표적인 방법인 관찰을 기반으로 한다는 점에서 절차가 정해져 있지는 않다. 다만 조사가 대상자의 일상생활을 깊이 침해함에 따라 조사자 및 대상자 간 합의 가 중요하다는 점을 고려하면, 일반적인 절차를 다음과 같이 나눌 수 있다. 조사 대상 선정, 조사에 대한 합의, 조사자와 대상자 간 신뢰 형성, 섀도 트래킹 수행 및 기록, 조사 내용 분석 등의 단계로 이어진다.

1. **조사 대상 선정**: 일반적인 연구 방법에 따라 혹은 조사자의 관심에 따라 주제가 설정되면, 적정한 조사 대상을 정한다. 조직 내 업무 특성, 혹은 작은 사회 안에서의 주체별 역할 등을 밝혀내기 위한 주제라면 조직 또는 사회를 대변, 대표할 수 있는 알맞은 사람을 구한다. 특정 제품이나 서비 스의 사용자 행태를 파악하는 주제라면 잠재적인 사용자, 혹은 현재 사용 자 중에서 택한다. 이때에는 해당 인구통계학적 특성의 점유율을 고려할 필요가 있다.

2. **조사에 대한 합의**: 대상자의 입장에서 시간이나 노력이 많이 들지 않는 일반적인 연구의 경우에는 조사 과정에 대한 동의가 간략하게 이루어질 수 있다. 하지만 문화기술지 관련 연구 중에서도 대상자의 부담이 크게

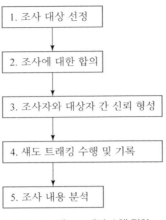

그림 2.7 섀도 트래킹 수행 절차

발생하는 연구에서는 이러한 합의가 확실하고 신중하게 이루어질 필요가 있다. 특히 섀도 트래킹의 경우에는 대상자의 일상생활을 현저하게 침해할 우려가 있으므로 조사 기간 동안 벌어지는 일에 대한 쌍방 간 합의가 확실하게 이루어져야 한다. 필요하면 대상자뿐만 아니라 유관 조직이나 관계자의 동의도 구한다.

3. **조사자와 대상자 간 신뢰 형성**: 일단 조사에 대한 조사자와 대상자 간 합의가 진행되면 조사의 수행을 무리 없이 할 수 있다. 하지만 조사의 성공을 좌우하는 것은 합의가 아니라 양측 사이의 신뢰관계이다. 섀도 트래킹은 방법의 특성상, 한정된 예산에서 조사 대상자의 숫자가 가장 적은 편이기 때문에 양질의 실험 결과를 얻기 위해서는 모든 조사 대상자와 건강한 신뢰관계를 구축해야 할 필요가 있다. 섀도 트래킹 기간이 단 하루, 혹은 수 시간 정도로 한정되어 있다고 해도 처음 만남부터 본격적인 자료 수집이 이루어지기 전 짧은 시간 동안 신뢰를 쌓기 위해 노력해야 한다.

4. **섀도 트래킹 수행 및 기록**: 합의된 실험 시간 동안 실제로 조사자가 대상자를 따라다니며 자료를 수집하는 단계이다. 조사자는 대상자의 행동과 표정, 몸짓을 항상 관찰하고 있어야 하며, 필요한 질문을 그때그때 던진 후 응답 내용을 기록해야 한다. 기록의 경우에는 사전에 양해를 구하고 비디오로 촬영하거나 녹음할 수 있지만, 직관적인 판단 사항들을 그때그때 기록해두는 것이 추후에 효율적으로 정리할 수 있도록 도와준다. 더불어 적시에 중요한 내용을 기록하는 것도 중요하지만, 트래킹 수행이 끝나고 나서 기억이 잊혀지기 전에 바로 내용을 요약하고 정리하는 것도 중요하다.

5. **조사 내용 분석**: 모든 연구가 그렇듯이 자료를 수집하고 나면, 수집된 자료를 바탕으로 분석 작업을 수행한다. 분석 방법은 일반적인 연구 방법을 따르며, 크게 정성 분석과 정량 분석으로 나눌 수 있다. 섀도 트래킹이 대상자마다 다양한 양상이 나타날 수 있고, 전에 알지 못했던 내용을 탐색적으로 수행하는 목적이 강하기 때문에 정성 분석이 알맞은 편이다. 하지만 최근에는 자료의 신뢰성을 보여주기 위해 각종 정량 분석 기법을 적용하는 사례가 많이 나타나고 있다.

2.5.3 조사 단계별 한계

모든 연구 방법에 장단점이 있듯이 섀도 트래킹도 마찬가지로 장점과 단점이 있다. 직접 관찰함으로써 풍부한 자료를 모을 수 있다는 점이 장점이라면, 이 과정에서 대상자의 일상을 침해한다든지 분석이 어렵다든지 하는 단점도 있다. 이를 각 조사 단계별로 정리해보면 다음과 같다.

준비과정에서의 한계: 조사 대상자와 조사에 대한 합의를 하는 과정에서 일상

생활의 침해 문제 때문에 어려움이 있을 수 있다. 섀도 트래킹은 조사자가 대상자의 일상생활, 특히 업무를 보는 와중에도 밀착하여 관찰하기 때문에 사생활은 물론이고 공적인 생활까지 침해할 가능성이 많다. 이러한 상황에서 '가능한 생활이나 업무에 영향을 덜 미치도록 하겠다'는 조항은 겉치레로만 끝날 가능성이 있다. 조사 과정에서 일어날 수 있는 다양한 돌발 상황과 생활의 일부가 침해될 수 있다는 것을 쌍방 간에 확고히 인식할 필요가 있고, 이 자체가 조사 대상자를 구하는 데 어려움을 주게 된다. 또한 조사자와 대상자 간 합의가 이루어졌다고 해도 대상자와 관련된 조직이나 특정인의 동의가 필요한 경우에는 그 어려움이 증폭될 수 있다.

관찰 과정에서의 한계: 섀도 트래킹은 연구 방법의 이름상으로 보면 그림자가되어 관찰한다는 뜻을 가지고 있지만 실제로는 조사자와 대상자 모두 관찰을 하고 있다는 상황에 대해서 확실히 인지하고 있다. 이와 같은 상황 자체가인지적으로 영향을 미칠 수 있다. 조사자가 대상자 몰래 관찰을 하는 것은 물리적으로 어려운 경우도 있고, 윤리적으로도 문제가 될 수 있기 때문에 불가능하다. 그렇기 때문에 '조사가 진행 중인 것을 인지하는 상태'와 관련된 영향을 없애는 것도 불가능하다고 할 수 있다.

이러한 영향은 호손 효과(Hawthorne effect)의 일종으로 이해할 수 있다. 1930년대에 호손과 그의 동료들은 공장에서의 조명이 생산성에 미치는 영향을 분석하고자 실제 공장에서 조건을 바꾸어가며 관찰을 했다. 관찰 결과, 물론 조명이 일정한 영향을 줄 수 있음은 알 수 있었으나, 조명보다도 더 큰 영향을 미치는 요인에 대해 생각해보게 만들었다. 그것은 피관찰자의 '동기'에 있었다. 공장에서 일하던 노동자들이 관찰 당한다는 사실에 고무되어 조사 기간 내내 높은 생산성을 보이다가 조사 후에는 다시 생산성이 원래대로 돌아간 것이다. 실제로 섀도 트래킹 자체가 대상자를 자극하여 평소와 다른 반응을 보이게끔 한다는 것은 많은 연구에서 보고되어 왔다.

반대로 조사자가 대상자에게 동화되는 현상이 있다. 조사를 오랫동안 하다 보면, 조사자가 대상자의 행동 판단 준거를 무비판적으로 받아들일 수 있다. 조사를 진행하는 와중에, 초반에는 왜 그러한 행동을 하게 되었는지 의문을 가지게 되고 이상하게 여길 수 있지만, 어느 정도 동화되고 나서는 그러한 질문을 더 이상 던지지 않게 된다. 이러한 상황에서는 일반적인 문화기술지 연구에서 조사자와 대상자가 같은 사회에 속해있는 경우 발생하는 문제점들이 나타나게 된다.

분석 과정에서의 한계: 섀도 트래킹으로부터 얻을 수 있는 자료가 너무 풍부하다는 점이 오히려 단점이 될 수 있다. 예를 들어 경험 표집법과 같이 대상자의 부담을 경감시켜주기 위해 기록의 양을 적당히 조절한 경우에는 해당 기록들만 모아서 비교하고 그 추이를 분석할 수 있다. 하지만 섀도 트래킹으로부터 얻은 자료들은 각종 질의응답과 영상자료, 음성자료, 그 외 기록물들 등 너무 많아서 비교의 기준 또는 지표를 선정하는 데 어려움이 있을 수 있다. 이러한 어려움을 줄이기 위해 사전에 비교 가능한 지표를 만들거나 확인해야 하는 기준을 정하는 것이 중요할 수 있다. 이는 조사의 목적이나 내용에 따라 달라질 것이다.

2.5.4 실험 수행 시 유의사항

섀도 트래킹에는 왕도가 없다. 하지만 다음과 같은 사항들에 대해서는 유의하고 미리 준비하는 것이 필요하다. 사적인 친분관계의 형성, 언제 어디에서나 기록, 자료 분석에 대한 사전 고찰 등이 바로 그것이다.

사적인 친분관계의 형성: 비록 조사자와 대상자로 만나서 단지 정보를 주고받는 공적인 관계로 그치게 되지만, 조사자는 대상자와의 신뢰 유지를 위해 조사 기간 동안만큼은 사적인 친분의 형성을 위해 노력할 필요가 있다. 예를 들어 가능하다면 대상자의 상사, 가족의 이름을 외워보도록 하는 것이다. 물론, 이는 양방 사이의 개인적인 거리를 좁히기 위한 것이 아니라, 조사 기간 동안의 신뢰 형성 목적이라는 것을 분명히 주지해야 한다.

언제 어디에서나 기록: 조사자는 대상자로부터 얻은 정보를 언제 어디에서나 기록할 수 있어야 한다. 녹화나 녹음 장비를 사용할 수 있겠지만 직접 문장, 문구, 어구를 기록하는 것은 필수적이다. 이를 위해서 기록을 위한 노트는 가볍고 작은 것이 좋다. 또한 다른 조사자들이 참고할 수도 있으므로 가능한 많은 정보를 기록하여야 한다. 언어적인 표현뿐 아니라 몸짓, 표정 등의 비언어적인 표현도 정리한다.

자료 분석에 대한 사전 고찰: 섀도 트래킹은 자료가 풍부하다는 측면에서 분석하기 어렵다. 실험을 수행하는 와중에 자료를 어떻게 분석할 것인지 미리 고민하는 것은 분석의 효율성을 높여준다. 실험 후에는 실험에 대한 기억이 서서히 잊혀지기 때문에 가장 많은 자료가 머릿속에 있을 때 분석을 시작하는 것이 좋다.

생각해볼 문제

- 문화기술지의 어원과 의미에 대해 설명해보시오.
- 문화기술지 연구 방법을 사용자 경험 분야에 적용하기 위해 주의해야 할 점은 무엇인가?
- 과학적 정량분석과 문화기술지 분석에서 연구자 개입 시점이 다른 이유는 무엇인가?
- 문화기술지 서술 방식에 내부자 및 외부자 언어 간 균형이 필요한 이유는 무엇인가?
- 좋은 대상자가 갖추어야 할 조건에는 어떠한 것들이 있는가?
- 문화기술지 연구에서 조사자와 대상자 간 대화가 중요한 이유는 무엇인가?
- 퍼소나의 효과와 한계는 무엇인가?
- 경험 표집법에서 실험 장비가 중요한 이유는 무엇인가?
- 일상 재구성법과 경험 표집법의 장단점을 비교해보시오.
- 섀도 트래킹의 효과와 한계는 무엇인가?

2장 참고문헌

1. Barrett, D. J., Barrett, D. J. (2005). ESP: the experience sampling program.
2. Chinua Achebe, 조규형 역 (2008). 모든 것이 산산이 부서지다. 민음사
3. Claude, L. S., 박옥줄 역 (1998). 슬픈 열대. 한길사.
4. Cooper, A. (1999). The Inmates Are Running the Asylum. Indianapolis, Indiana: SAMS, *A Division of Macmillan Computer Publishing*.
5. Cooper, A. (2004). The origin of personas. *Innovation-Mclean Then Dulles Virginia-*, 23(1), 26-29.
6. Delespaul, P. A. E. G. (1992). Technical note: Devices and time-sampling procedures. *The experience of psychopathology: Investigating mental disorders in their natural settings*, 363-373.
7. Hektner, J. M., Schmidt, J. A., Csikszentmihalyi, M. (2007). *Experience sampling method: Measuring the quality of everyday life*. Sage.
8. Kahneman, D., Krueger, A. B., Schkade, D. A., Schwarz, N., Stone, A. A. (2004). A survey method for characterizing daily life experience: The day reconstruction method. *Science*, 306(5702), 1776-1780.
9. Kuniavsky, M. (2003). *Observing the user experience: a practitioner's guide to user research*. Morgan Kaufmann.
10. Larson, R., Csikszentmihalyi, M. (1983). *The Experience Sampling Method: in New Directions for Naturalistic Methods in the Behavioral Sciences*, Jossey-Bass.
11. Nielsen, J. (2004). Card sorting: How many users to test. *Jakob Nielsen's Alertbox*.
12. Pruitt, J., Adlin, T. (2010). *The persona lifecycle: keeping people in mind throughout product design*. Morgan Kaufmann.
13. Reis, H. T., Gable, S. L. (2000). Event-sampling and other methods for studying everyday experience. *Handbook of research methods in social and personality psychology*, 190-222.
14. Rynkiewich, M. A., Spradley, J. P. (1976). *Ethics and Anthropology: Dilemmas in Fieldwork*, John Wiley & Sons Inc.

15. Spradley, J. P. (2016). *The ethnographic interview*. Waveland Press.
16. Waterfield, R., Dewald, C. (2008). *The histories*. Oxford Paperbacks.

03

설문 및 인터뷰
조사 방법

3.1 개요와 특성

3.1.1 용어 개괄

　조사(survey), 설문(questionnaire), 인터뷰(interview)는 학계에서뿐만 아니라 활발하게 이용되고 있으며 변형된 형태가 많아서 명확하게 정의 내리기가 어렵다. 하지만 일반적으로 조사라는 개념이 가장 포괄적인 것으로 간주되고 있다는 것을 고려하면, 조사가 설문과 인터뷰를 총망라한다고 볼 수 있을 것이다. 조사는 공학과 인문학 분야를 통틀어 다양한 분야에서 사용되고 있는 가장 기본적인 연구 방법 중에 하나이다. 이 장에서는 다양한 의미에서의 조사 방법 중에서도 설문과 인터뷰를 아우르는 협의의 개념으로서 '조사'에 대해서 탐구하고자 한다.

　일반적인 의미에서 조사는 특정한 주제를 놓고 모집단에서 일부 개인들만을 뽑아서 그에 대한 의견, 생각, 느낌 등을 확인하는 방식이다. 이때 다양한 도구와 방법들을 이용할 수 있을 것이며, 결과를 분석하는 과정에서도 다양한 방식, 이를테면 특정 통계적인 방식을 동원할 수 있을 것이다. 모든 조사가 일부 개인들만을 대상으로 이루어지는 이유는 조사에 들어가는 시간과 비용을 고려했을 때 모든 개인들을 대상으로 하는 것이 불가능에 가깝기 때문이다. 따라서 특정 조사를 위해 선별된 개인들이 과연 모집단을 제대로 대표하는 것인가에 대한 문제는 항상 중요하게 다루어진다.

　설문도 비슷하게 정의할 수 있다. 모집단을 대표하는 일부 대상자들로부터 의견, 생각, 느낌 등의 정보를 수집하는데, 조사와 차별되는 부분은 정보를 수집하는 과정에서 질문 항목들이 매개체로 존재한다는 것이다. 이러한 항목들을 보통 설문 항목이라고 부르며, 설문 항목에 대한 응답을 어떤 방식으로 해야 하는지에 따라 설문 조사의 유형이 나뉘기도 한다. 설문지를 종이나 디지털 페이지로 구성하면 조사자가 적은 노력을 들이고도 많은 응답을 받을 수 있다는 점이 가장 큰 장점이다.

마지막으로 인터뷰는 질의 응답이 있는 대화로 정의할 수 있다. 기업에서 임직원을 뽑기 위해 지원자의 자질과 성향을 직접 확인하는 과정에서 쓰이는 등 다양한 목적으로 활용될 수 있다. 조사자와 대상자가 반드시 현장에 있어야만 진행할 수 있으며, 꼭 일대일이 아니라 일대다, 다대일, 다대다의 방식으로도 진행할 수 있다. 조사자들이 질문 항목들을 사전에 확인하고 임하기는 하지만 대화의 특성상 현장에서 주제가 변형될 수도 있다. 이러한 면에서 인터뷰 진행자(interviewer)의 능력이 중요하다.

3.1.2 대상자 대표성 문제

설문이나 인터뷰에서는 좋은 대상자를 선정하는 것도 중요하지만, 그것보다도 분석 결과를 정당하게 일반화시켜 줄 수 있는 대표성을 가지고 있는지 여부를 확인하는 것이 더 중요하다. 설문의 경우에는 불특정 다수에게 설문지가 전달되는 만큼, 개별적인 설문 응답에 대한 신뢰도는 낮고 종합적인 분석에 대한 의존도가 높다. 한편 인터뷰의 경우에는 물리적으로 대면할 수 있는 대상자의 숫자가 매우 한정되어 있다. 이러한 이유들 때문에 대상자들이 조사하려고 하는 개념과 주제와 관련된 모집단을 잘 대표하고 있다는 사실을 먼저 확인할 필요가 있다.

예를 들어 한 가지 사안에 대해서 설문 조사를 벌일 때 응답자의 인구통계학적 분포가 남성 70%, 여성 30%인 것으로 파악되었다고 하자. 만약 이 사안에 대해 성별에 따라 서로 다른 의견이 나올 수 있는 여지가 조금이라도 있다면, 설문 응답자의 성별 분포가 결과에 유의한 영향을 미칠 수 있을 것이다. 성별뿐만 아니라 거주 지역, 소득, 연령 등 인구통계학적 정보들부터 시작해서 이전 제품 및 서비스 사용 경험, 정치 성향 등 다양한 요인들이 조사의 결과에 영향을 준다.

대상자의 대표성을 확보하기 위해 가장 많이 쓰이는 방법은 **층화무작위추출법**(stratified random sampling)이다. 모집단을 서로 겹치지 않도록 몇 개의 하위 유형으로 분류한 것이 '층'인데, 각 층에서 표본의 크기를 미리 결정해놓은 뒤 그 안에서 임의로 대상자를 선택하는 것이다. 이 방법은 **단순무작위추출법**(simple random sampling)과 비교되고는 한다. 단순무작위추출법은 층으로 나누는 절차 없이 전체 모집단 내에서 임의로 대상자를 선별하는 것이다. 만약 결과론적으로 각 층 간 대상자의 비율이 실제와 달라질 경우에 대표성 논란이 있을 수 있다. 층화무작위추출법은 이와 같은 비판을 비켜나갈 수 있으며 층별 분석 등 분석의 기회도 높여주기 때문에 많이 활용된다.

만약 어떤 기업 내 인트라넷 활용에 관한 조사를 하는 상황이라고 하자. 총 20명의 대상자를 고려하고 있다. 먼저 인트라넷을 실질적으로 활용하는 임직원들의 분포를 다음과 같다고 가정하자. 각 계층의 인트라넷 활용 행태 및 방법에 차이가 있을 것으로 보고, 이 계층별로도 분석해보기로 하였다.

- 남자, 평사원: 49명
- 여자, 평사원: 56명
- 남자, 관리자: 28명
- 여자, 관리자: 7명
- 전체: 140명

총 140명에 이르는 임직원의 계층별 비율을 먼저 계산한다. 결과를 일반화할 때 각 계층의 비율을 고려하는 것이 더 높은 대표성을 확보하는 방안으로 판단되기 때문에 이를 구할 필요가 있다.

- 남자, 평사원: 49명 ÷ 140명 = 35%

- 여자, 평사원: 56명 ÷ 140명 = 40%
- 남자, 관리자: 28명 ÷ 140명 = 20%
- 여자, 관리자: 7명 ÷ 140명 = 5%

이 비율을 조사의 대상자 수에 곱해주면 각 계층별 조사 인원을 구할 수 있다.

- 남자, 평사원: 35% × 20명 = 7명
- 여자, 평사원: 40% × 20명 = 8명
- 남자, 관리자: 20% × 20명 = 4명
- 여자, 관리자: 5% × 20명 = 1명

층화무작위추출법은 각 계층이 조사의 주제에 미치는 영향이 있을 수 있다고 예상될 때, 또는 논란의 여지를 없애기 위할 때 사용된다. 위에서는 20명을 표본으로 하는 사례를 들었지만, 보통 표본의 숫자가 이보다 훨씬 클 때 많이 사용한다. 명확한 숫자가 정해져 있는 것은 아니지만 통계분석을 염두하고 있다면 각 계층 내에 할당되는 표본의 숫자가 통계 분석이 가능한 정도로 큰 것이 좋다.

3.1.3 조사 응답률 문제

다른 조사 방법들도 마찬가지이지만 설문과 인터뷰는 대상자의 성실한 응답이 결과의 질에 영향을 미친다. 특히 설문을 불특정 다수의 인원에게 비대면 방식으로 송부하는 경우 응답지를 100% 환수하는 것이 실질적으로 어렵다. 설문지의 응답률은 설문 항목의 개수와 반비례하는 경향이 있는데, 2010년에 수행된 한 연구에서는 설문 항목이 10개일 경우에 회수되지 않은 응답지 비율이 3%, 20개인 경우에는 6%로 보고됐다. 한편 인터뷰에서도 특히 전화의 방법을 쓰는 경우에는 응답을 회피하는 대상자들이 많아 문제가 될 수 있다.

조사 응답률, 또는 참여율을 높이기 위하여 다음과 같은 방안을 모색해볼 수 있다. 사전 안내, 대상자 친화적인 설문 항목, 간단하고 효율적인 소개 등이 그것이다.

- **사전 안내**: 조사가 진행될 예정이라는 것을 사전에 공지하는 경우 대상자들의 참여율을 높일 수 있다. 안내를 할 경우에는 조사의 간략한 주제와 내용, 목적, 분량 등의 정보를 수록하는 것이 좋다. 안내 매체는 전단지, 문자, 메일 등 다양하게 활용할 수 있다.

- **대상자 친화적인 설문 항목**: 설문지 방식을 사용하는 경우에, 설문 항목을 구조적으로 잘 설계해야 한다. 피치 못할 사정이 아니라면 대상자에 대한 공격적이거나 자극적인 항목을 삼가고 설문에 소요되는 시간이 적절하게 짧도록 항목을 구성해야 한다.

- **간단하고 효율적인 소개**: 인터뷰, 특히 불특정 다수를 대상으로 진행하여 전화나 길거리에서 대상자를 섭외해야 하는 경우, 인터뷰 진행자의 소개가 응답률 및 참여율에 중요한 영향을 미친다. 조사 주관 기관과 인터뷰의 내용 및 목적을 간단하게 포함하여 전달해야 한다.

3.2 설문 조사

3.2.1 설문 항목 구성의 중요성

설문의 형태로 정보를 수집하는 조사 방법은 다양한 분야에서 오래 전부터 이루어져 왔다. 이와 관련하여 설문이라는 조사 방법 자체가 사용할만한 것인가에 대해서는 충분히 검증되었다고 할 수 있다. 다만 조사를 어떻게 진행하느냐에 따라 결과의 타당도 및 신뢰도가 달라질 수 있기 때문에 설문 항목의 구성부터 시작하여 조사의 전 단계에서 주의 깊게 살펴보아야 할 부분이 많다.

특히 설문 항목의 구성은 매우 중요하다. 예를 들어 정치와 같이 민감한 사안에 대하여 여론 조사를 설문의 형태로 실시할 때 질문이 어떻게 적혀있느냐에 따라 결과의 향방이 달라질 수 있다. '아' 다르고 '어' 다른 것이 서로 다른 응답을 유도할 수 있기 때문이다. 이는 비단 한국말에 국한된 문제가 아니다. 질문의 뉘앙스 자체가 응답에 유의미한 영향을 미친다는 것은 이미 여러 연구로 알려져 있다. 브래드번은 자신의 저서에서 설문 항목의 중요성에 대해 다음의 예를 들어 설명한다.

"소속 수도회가 다른 두 명의 수도사가 기도와 담배에 대해 대화를 나누고 있었다. 토론 끝에 이렇다 할 결론을 내지 못한 그들은 각자 자신들의 선배 수도사에게 물어보기로 하고 헤어졌다. 다시 만나서 예수회 수도사가 말했다. 「그는 괜찮다고 말했네.」

「재미있구먼, 내 선배는 그것이 죄악이라고 이야기 했네.」라고 도미니칸 수도사가 말했다. 상관에게 어떻게 물어봤냐고 예수회 수도사가 묻자 도미니칸 수도사가 「기도 중에 담배를 펴도 되는지 물어봤다네.」라고 차분하게 말했다. 그러자 예수회 수도사는 다음과 같은 말을 남겼다.

「오, 나는 담배 피울 때 기도해도 되는 것인지를 물어봤다네.」”

　질문 그 자체가 대답에 영향을 미치는 것은 자명해 보인다. 첫째, 특정한 의미를 지니고 있는 단어로 질문을 구성할 경우 특정한 대답을 유도할 수 있다. 예를 들어 “당신은 당신이 노동한 것에 대해 공정한 대가를 받고 있는가?”라고 묻지 않고, “당신의 고용주가 당신의 수입 일부를 편취한다고 생각하는가?”라고 물으면 대답이 달라질 수 있다. 질문 속에 특정한 답을 유도할 수 있는 부정적인 어휘나 특정 수식어를 사용할 경우 답이 편향적으로 나타날 수 있는 것이다. 저명한 연구자들도 주의를 기울이지 않으면 이와 같은 실수를 할 수 있다.

　둘째, 질문을 구성하고 있는 어휘들이 공정하게 배열되어 있다고 하더라도 정치적인 함의를 담고 있는 용어가 사용된 경우 대답이 달라질 수 있다. 데이비스와 그의 동료들은 1998년에 이루어진 한 사회조사 연구에서 질문에 사용된 용어에 따라 대답이 바뀌는 경향을 실증적으로 확인했다. 한 무리의 응답자들은 ‘복지(welfare)’에 사용되는 돈이 낭비되는 경향이 있는 것으로 답했지만, 또 다른 한 무리의 비슷한 응답자들은 ‘가난한 사람에게 지원(assistance to the poor)’되는 돈이 너무 적은 것으로 답했다. 이와 유사한 사례는 얼마든지 있다.

　위에 언급한 내용들은 설문의 내용이 분명하고, 주제와 알아보고자 하는 개념이 확정된 상태에서 설문 항목의 구성이 왜곡을 불러올 수 있다는 것을 보여준다. 이것뿐만 아니라 기본적으로 설문 항목들이 알아보고자 하는 구체화된 개념들을 잘 대변하고 있는 것인지, 그리고 그러한 개념들이 설문의 목적과 의도에 알맞게 설정된 것인지 여부도 면밀하게 살펴야 한다. 즉 설문 항목 구성 자체가 방법적인 측면에서의 신뢰도 및 타당도와 연결되어 있다. 결론적으로 설문 항목의 구성은 조사 방법으로서의 설문을 수행하는 데 있어 가장 중요한 문제라고 할 수 있다.

3.2.2 개방형 질문과 폐쇄형 질문

설문을 어떻게 구성할 것인가에 대해 왕도는 없다. 대신 다양한 형태의 설문 유형을 알고 있으면 상황에 맞는 적절한 구성이 가능해진다. 이러한 측면에서 개방형 질문(open-ended questions)과 폐쇄형 질문(closed-ended questions)은 응답자의 응답과 관련된 대표적인 질문 유형으로 짚고 넘어갈 필요가 있다. 개방형 질문은 말 그대로 답이 없는 질문이며, 폐쇄형 질문은 응답의 보기나 범위를 미리 제한해놓은 질문이다.

개방형 질문: 응답자에게 그들 자신의 답을 요구하는 것으로서 답이 미리 정해져 있지 않다. 다시 말해 응답자의 생각, 의견, 느낌 등을 자유롭게 표현할 수 있는 기회를 주는 것이다. 이를 통해 조사자는 더욱 풍부한 자료를 얻을 수 있고 때로는 응답자의 창의력을 북돋아주기도 한다. 하지만 또 다른 측면에서는 응답자가 대답을 완성해내는 과정에서 인지적인 노력이 많이 들어가므로, 폐쇄형 질문보다 어렵다고 느낄 수 있다. 조사자 입장에서도 일률적이지 않은 자료를 분석하는 것이 쉽지만은 않은 일이다.

폐쇄형 질문: 정답이 꼭 정해져 있는 것은 아니지만, 보기 등의 도구를 활용하여 응답의 범위를 제시해줌으로써 제한된 영역 안에서 응답이 이루어지도록 해준다. 다양한 유형이 있을 수 있는데 대표적으로는 다수의 보기 중에 한 개나 그 이상의 항목을 선택하도록 하는 것, 특정 사안에 대한 수준을 점수로 표기하도록 하는 것, 보기로 제시된 항목들을 수준에 따라 정렬하도록 하는 것 등이 있다. 설문의 목적, 분석 도구에 따라 필요한 방법을 활용할 수 있다. 응답자가 응답을 쉽고 빠르게 할 수 있다는 장점이 있지만, 어느 정도 유도된 범위 내에서만 답변이 이루어진다는 단점이 있다.

실제 설문 수행 시에는 개방형 질문, 폐쇄형 질문 중 어느 한 개만을 선택해서 쓰는 것보다 적절히 섞어서 적재적소에 필요한 질문을 배치하는 것이 좋다. 이 과정에서 설문의 목적과 분석의 효율성을 고려하기도 하고, 또 응답자가 얼마나 수월하게 응답을 해낼 수 있는가를 고려하기도 한다. 대체로 다음과 같은 기준을 통하는 것이 좋다.

- **개방형 질문의 비율을 낮출 것**: 응답자의 설문 수행과 분석의 효율성을 고려하여 개방형 질문은 꼭 필요할 때만 사용하는 것이 좋다. 또한 수리적인 분석을 수행할 때에는 오히려 폐쇄형 질문 응답이 개방형 질문 응답보다도 분석 도구와 잘 맞을 수 있다.

- **보기 구성 시 사회적 선호 항목을 전면에 배치하지 말 것**: 폐쇄형 질문 응답의 예시로 보기를 구성할 때 정답 같아 보이는 것을 눈에 띄는 위치에 놓지 말아야 한다. 나머지 보기를 읽거나 확인하지 않고 해당 항목을 선택할 우려가 있기 때문이다.

- **순 언어 척도는 5단계 이내일 경우에만 사용할 것**: 사회과학 연구에서는 5점 내지 7점 척도(5점 척도 예: 매우 불만족-불만족-보통-만족-매우 만족)를 활용하는 경우가 많은데, 숫자를 병기하지 않고 어구만으로 척도를 표현하는 경우에는 5점 척도 이내로 하고, 그것이 아니면 숫자로 표현하거나 언어와 숫자를 병기할 필요가 있다. 언어로만 다양한 단계를 구분할 경우 인지적 혼란을 불러올 수 있다.

- **순서 매기기 경우에는 항목수를 한 번에 기억할 수 있는 정도로 제한할 것**: 직접 점수화하지 않고 항목의 순서를 정하는 방법은 모든 조합을 고려해야 하기 때문에 인지적으로 부하가 많이 걸린다. 가능하면 항목의

수를 5개 이내로 줄이는 것이 좋다. 기억의 어려움을 보완한 변형된 방법으로 '가장 중요해 보이는 항목 세 가지를 꼽아 보시오'와 같이 상위 항목 일부(예: Top 3 선택)를 선택하는 방법이 있다.

- **중복 선택 가능한 보기를 여러 개 제공하는 것보다 단답형 질문을 여러 개 만들 것**: 때로는 효율적인 질문을 위해 '부합되는 항목을 모두 선택하시오'라는 단서를 붙여 보기를 중복 선택 가능하게 만드는 경우가 있다. 이보다는 각 보기별로 '예', '아니오'로 대답 가능한 질문을 복수 개로 만들어 제시하는 것이 질 높은 응답을 수집하는 데 도움이 된다.

폐쇄형 질문 구성의 예

1. 보기 중 택일: 보기로 제시되는 두 개 이상의 항목 중에서 질문의 취지에 가장 알맞은 것 하나를 선택하는 질문이다. 일반적으로 흔하게 나타나는 형태로서 대부분의 응답자들에게 가장 익숙한 방식이다.

   예: 당신이 웨이트 트레이닝을 하는 가장 큰 목적은 무엇입니까?
   ① 근력 및 근지구력의 향상을 위해서
   ② 건강 상태의 현상 유지를 위해서
   ③ 체지방을 줄이기 위해서
   ④ 기타: (   )

2. 해당 항목 모두 선택: 질문과 관련된 보기는 중복으로 모두 선택할 수 있는 방식이다. 조사자가 특정 정보를 수집하고 탐색하는 목적으로 주로 이용된다. 택일하는 방식에 비해서는 분석이 어려울 수 있다.

   예: 당신이 웨이트 트레이닝을 하는 목적은 무엇입니까?(중복 선택 가능)
   □ 근력 및 근지구력의 향상을 위해서
   □ 건강 상태의 현상 유지를 위해서

□ 체지방을 줄이기 위해서

□ 기타: (   )

3. 평점 매기기: 사회과학, 공학적 조사에서 수리적 분석을 위해 일반적으로 사용하는 형태로 대상 개념의 수준, 세기 등을 평가한다. 직접 숫자를 활용하여 평가할 수도 있고 언어로 된 척도에서 선택을 하는 방식으로 평가할 수도 있다.

예: 새로 구입한 이어폰이 얼마나 만족스럽습니까?(5점 척도)
- 매우불만족 (1점)
- 불만족 (2점)
- 보통 (3점)
- 만족 (4점)
- 매우만족 (5점)

4. 순위 매기기: 보기를 개별적으로 수치화하여 평가하는 대신, 모든 쌍의 우열을 고려하여 최종 우선순위를 도출하는 방법이다. 평점 매기기와 함께 수리적인 분석에 활용이 용이한 방법이다.

예: 다음 괄호 안에 나열된 스마트폰 기능을 자주 사용하는 순으로 정렬하세요.

(문자/메시지 보내기, 전화하기, 음악 듣기, 게임하기, 인터넷 서핑하기, 동영상 보기, 쇼핑하기, 메일 주고 받기, 메모하기)

5. 일부 항목 선별: 응답자가 질문의 취지에 맞는 항목 일부를 선별하는 방식이다. 순위 매기기의 방식이 인지적인 부하를 많이 주기 때문에 이를 줄여주기 위한 대안으로 활용된다.

예: 다음 괄호 안에 나열된 스마트폰 기능 중 가장 자주 사용하는 세 가지를 고르시오.

(문자/메시지 보내기, 전화하기, 음악 듣기, 게임하기, 인터넷 서핑하기, 동영상 보기, 쇼핑하기, 메일 주고 받기, 메모하기)

3.2.3 취득 정보 유형

설문지에 어떤 내용을 담을 것인지, 그리고 어떤 응답을 수집할 것인지에 대해서는 조사의 목적에 따라 정해진다. 일단 조사의 목적과 의도가 정해지면 필요한 개념을 수집하기 위해 항목을 체계적으로 구성해야 한다. 이때 항목을 어떻게 구성하는가와 상관없이 어떤 개념을 대상으로 어떤 정보를 다루는지에 따라 크게 세 가지 유형으로 나눈다. 꼭 설문 방법뿐만 아니라 일반적인 조사나 연구에서도 이와 비슷하거나 다른 유형이 나타날 수 있는데, 설문 방법에서는 대표적으로 다음과 같은 세 가지 유형이 유력하게 나타난다. 대상인의 가치 체계, 행동, 지식이 바로 그것이다.

가치 체계: 가치는 사람들이 근원적으로 믿고 따르는 기준이 되며 각자가 다른 사람의 행동이나 생각, 사회 현상을 판단하는 잣대가 된다. 응답자의 가치 체계를 수집하는 설문의 주요 목적은 해당 응답자가 어떤 사람인지 알기 위한 것이다. 사람들이 가지고 있는 생각이나 느낌, 아이디어, 판단 등을 수집한다. 그 사람의 과거나 현재, 그리고 미래까지 포괄하여 정보를 수집할 수 있다.

가치 체계는 문화나 개인마다 다를 수 있고 그것을 어떻게 해석하는가에 대해서도 연구에 따라 다를 수 있다. 다만 각 개인이 추구하는 가치가 개인의 성향과 특정 대상을 대하는 태도에 영향을 미친다는 것에는 많은 연구자들이 동의한다. 이와 같은 전제 아래 일반 개인이 추구할 수 있는 가치들을 묶어 개인들을 분류하고 각 개인이 어느 유형에 포함되는지 확인하고 탐색하는 연구들이 많이 이루어졌다. 그리고 각종 조사에서 이들 연구 결과들을 차용하여 사용자 유형을 대입시킨다.

대표적인 예로 VALS를 들 수 있다. 가치와 라이프스타일(Values and lifestyles)의 약자로서 1970년대 후반에 스탠포드 연구소(SRI, Stanford

Research Institute)의 아놀드 미첼에 의해 고안되었고, 이후 한동안 스탠포드 연구소에서 가장 유망한 마케팅 분석 도구로 활용되었다. 매슬로우의 욕구론에 의해 상당한 영향을 받은 것으로 알려져 있으며, 몇 번의 수정을 거쳐 사람들이 추구하는 가치에 따라 사람들, 특히 소비자를 총 9가지 유형으로 분류하였다. 혁신자형, 사고자형, 성취자형, 경험자형, 신뢰자형, 분투자형, 제작자형, 생존자형, 통합형 등이 바로 그것이다.

행동: 행동 또한 중요한 정보 수집 대상으로 다루어진다. 가치 체계와 달리 과거에 어떤 행동을 취했는지, 현재는 어떻게 행동하고 있는지, 미래에는 어떻게 할 것인지를 현상적으로만 수집한다. 일반적으로는 응답자가 특정한 유형의 행동을 취해봤는지에 대한 여부, 행동의 빈도, 구체적인 내용을 수집하며, 그에 대한 간단한 의견과 생각도 함께 수집한다. 예를 들어 "당신의 거주지역에서 자동차 렌트를 해본 경험이 있습니까?"와 같은 경험 여부를 묻는 질문부터 "커피를 구입하거나 마실 때 주로 어떤 브랜드를 선호하십니까?"와 같이 선호도를 확인해볼 수 있다.

　행동에 관해 묻는 설문은 조사 방법 중에서도 가장 흔하고 일반적으로 나타나는 형태이지만, 주제에 따라 설문을 수행하기 아주 어려울 수 있다. 극히 사적인 질문, 윤리적, 혹은 법적으로 어긋난 행동에 대해 묻는 질문, 사회 통념상 잘못되거나 부정적으로 여겨지는 행동에 대해 묻는 질문 등과 관련해서는 설문을 진행할 수는 있어도 정확한 응답을 얻어내기 어려운 경우가 많다.

지식: 사람들이 어떻게 알고 있는지에 대해 설문을 통하여 확인해볼 수 있다. 각국의 정규교육과정에서 흔히 나타나는 지필고사가 이와 같은 유형에 해당한다. 특정 주제와 관련하여 바른 답을 상정해놓고 이를 정확하게 제대로 알고 있는지를 확인해보는 것이 일반적인 지식 설문 조사 방법이다. 응답자

들이 제대로 알고 있는지를 확인하고 검사하는 데에 주안점을 주고 있기 때문에, 다양한 행태를 파악하고 관찰하는 목적의 사용자 경험 조사 방법에서는 많이 활용하고 있지 않다.

위 세 가지 이외에도 다양한 정보 유형이 존재할 수 있다. 설문을 통해서 취득하고자 하는 주요 정보는 아닐 수 있지만 응답자의 상태나 상황을 설명해주는 인구통계학적 정보가 대표적인 유형이다. 거의 모든 설문 조사에서 응답자의 나이, 성별, 교육 수준, 직업, 소득 수준 등과 같은 항목들의 일부를 취득한다. 특히 설문의 분석에 이러한 정보들이 연계된 것이 사회나 특정 제품, 서비스를 이해하는 데 더 큰 통찰을 주기도 한다.

3.2.4 가치 체계 정보 수집

조사 대상에 따라 저마다의 어려움이 있을 수 있는데, 가치 체계 수집 시에도 근본적인 어려움이 있다. 그것은 바로 정답이 없다는 것이다. 이것은 개방형 질문으로 물어보아도 그렇고, 폐쇄형 질문으로 물어보아도 마찬가지이다. 정답이 없는 이유는 사람마다 생각이 다르고 추구하는 가치와 의견, 태도가 다르기 때문이다. 정확히 말해 각 개인 응답자들이 주관적으로 답하는 결과가 모두 정답이 될 수 있고 일률적이지 않다는 것이다.

이러한 특성은 응답의 신뢰성을 떨어뜨릴 수 있기 때문에 조사에 있어서 어려움을 준다. 정확한 응답은 각 개인들의 마음 속에 있고 그것을 어떻게 표현하든지 간에 조사자는 이를 믿을 수밖에 없다. 만약 응답자가 성의 없는 답변을 내놓거나 조사자를 의식해 사실과 다른 의견을 내놓아도 이를 검증할만한 방법이 많지 않다. 이와 같은 점을 고려하여 더욱 정확한 응답을 얻기 위해 다음과 같은 점들을 유의할 필요가 있다.

• **수집하고자 하는 개념의 명확화**: 설문을 통해 수집하고 조사하고자 하는 개념을 가능한 명확하게 정의할 필요가 있다. 가치, 태도, 의도라든지 이것보다 조금 더 구체화된 개념을 조사하든지 해당 개념에 대한 정의가 제대로 되어 있어야 수집에 대한 기준이 마련될 것이다.

• **검증된 개념과 설문 항목의 사용**: 특정한 개념을 설문 항목들이 잘 구성하고 있는지, 혹은 그 개념이 현상을 잘 반영하고 있는지와 관련하여 조사 시 검증을 할 수 있다. 개념과 설문 항목의 검증에 드는 시간과 노력을 아끼기 위해서는 미리 알려진 개념과 설문 항목을 사용하는 것이 효율적이다.

• **모호한 질문의 배제**: 질문이 중의적인 함의를 가지고 있는 경우에는 응답 시 혼란을 불러온다. 어떤 의도에 대한 응답인지 선별하기 어렵고 이에 따라 분석하기가 어려워진다. 모든 질문은 하나의 뜻만을 가져야 한다.

• **질문이 다중 사안을 포함하지 않도록 구성**: 조사자는 효율성을 추구하기 위해 비슷한 사안을 묶어서 하나의 질문으로 만드는 경향이 있는데, 응답자의 혼동을 불러올 수 있는 경우에는 가능하면 분리하여 별개의 질문으로 구성하여야 한다.

• **양극단(bipolar)을 가지는 측정 지표 설정 시 의미 확인**: 수준, 크기, 세기 형태로 특정 개념을 평가하는 지표를 만들 때, 지표의 양극단(예: 만족-불만족, 예쁨-못생김)이 존재하는 경우 의미적으로 대척점에 위치하는지 확인해볼 필요가 있다. 그것이 아니라면 하나의 극단(unipolar)만을 가지는 지표 두 개로 분리한다.

- **예시에 의한 편향 최소화**: 인지적인 것과 관련된 설문을 진행하는 경우에는 눈에 보이지 않는다는 단점을 극복하기 위해 설명문 또는 예시를 제공하는 경우가 많다. 이렇게 제공되는 보기가 응답자가 응답하는 과정에 영향을 줄 것으로 판단된다면 이를 삭제하거나 수정해야 한다.

- **파일럿 테스트의 의무화**: 모든 조사, 실험에서 그렇듯이 가치 체계를 설문으로 수집할 때에도 시험 설문 과정이 필요하다. 이 과정에서는 잠재 응답자가 설문에서 의도하는 바를 제대로 이해하는지 여부를 면밀히 파악하고, 잘 이해하지 못하는 부분이 있을 경우 수정해야 한다.

- **일반적이고 포괄적인 내용을 담은 항목 우선 배치**: 설문 항목 중에는 상대적으로 일반적인 개념을 담은 것도 있고, 특수한 개념을 담은 것도 있다. 가능한 일반적인 항목을 앞쪽에 배치하도록 한다. 특수한 개념 관련 항목을 먼저 확인할 경우 응답자가 편향될 수 있다.

3.2.5 행동 정보 수집

가치 체계를 수집할 때 응답자의 응답 기록 신뢰도를 향상시키는 데에 주안점을 두어야 한다면, 행동 정보를 수집할 때에는 응답자가 기억을 잘 이끌어낼 수 있도록 하는 데에 초점을 맞추어야 한다. 행동이라는 것은 실제로 일어난 사건이기 때문에 해당 사건이 일어났다는 것을 제대로 기억한다면 응답자가 왜곡의 의도가 없는 한 응답을 적절하게 할 수 있다. 한편 가치 체계의 경우에는 인지적으로 일어나는 현상, 생각 등 눈에 보이지 않는 것을 응답하는 것이기 때문에 응답의 신뢰도에 신경을 써야 하는 것이다. 결과적으로는 행동 정보를 수집할 때 응답자가 원활하게 기억할 수 있도록 도와주어야 한다.

만약 수집하려는 행동이 도덕적, 법적으로 어긋나거나 사회적인 통념상 부정적인 것으로 간주될 때에는 또 다른 문제가 생길 수 있다. 응답자가 이를 숨기려고 하거나 왜곡하려고 할 가능성이 있기 때문이다. 이 경우에는 기본적으로 설문 조사로 인해 부수적인 불이익이 없다는 것을 확실히 인지시켜주어야 하는 등의 조치가 필요하다. 행동 정보를 수집할 때 주의사항을 종합적으로 정리하면 다음과 같다.

- **폐쇄형 질문 보기의 포괄적 구성**: 특히 행동의 유형을 보기로 구성하는 경우에는 가능한 모든 유형을 나열하여야 한다. 만약 누락된 행동이 있을 것으로 예상된다면 '기타' 항목을 추가하도록 한다.

- **응답자의 회상을 돕는 절차/용어 사용**: 수집하고자 하는 행동 유형이 예상보다 빈도가 적은 것으로 보고되어 문제가 발생할 수 있는 경우가 있다. 실제로 빈도가 적은 행동 유형에서 그러한 경우가 많다. 이 경우에는 가능하면 응답자의 회상을 돕는 절차를 추가하여 이를 이행하도록 한다. 또한 질문에 특정한 용어를 포함시킴으로써 회상을 도울 수도 있다.

- **시간 주기의 적절한 고려**: 어떠한 행동이 어떤 기간에 걸쳐 발생했는가는 행동의 유형에 따라 달라진다. 출생, 이사와 같은 사건은 수년에 걸쳐 한 번 일어날까 말까 하는 드문 사건이고, 옷 구입과 같은 사건은 비교적 자주 일어날 수 있다. 응답자가 빈도를 잘 헤아릴 수 있도록 적절하게 설정해야 한다. 단, 빈도수가 과도하게 증가하지 않도록, 너무 짧게 설정하지 않아야 한다.

- **보조 수집 장치의 활용**: 인간의 기억은 불완전하다는 전제하에, 행동 수집을 할 수 있는 기타 장치를 활용한다. 예를 들어 응답자의 동의 아래

카메라를 설치한다든지, 스마트폰, 스마트시계 등의 모바일 기록 장치를 활용한다든지 할 수 있다. 이것은 가능한 경우에만 사용한다.

- **주변인에게 도움 요청**: 질문이 응답자의 사생활을 침해하거나 위협적이거나, 도덕적, 법적으로 문제 없는 행동 정보를 수집하는 경우에는 가족, 친구, 동료 등의 주변인들을 적극적으로 활용할 수 있다.

- **폐쇄형 질문과 개방형 질문의 효율적 활용**: 사회 통념상 부정적인 행동 여부를 확인할 때에는 폐쇄형 질문이 안정적인 것으로 알려져 있다. 그리고 해당 행동의 빈도를 알고자 할 때에는 개방형 질문을 쓰는 것이 일반적으로 낫다고 알려져 있다.

- **행동 시점에 대한 질문의 순서 주의**: 사회 통념상 부정적인 행동에 대해 물어볼 때에는 과거에 했던 행동을 먼저 물어보고 현재 시점의 행동을 나중에 물어보는 것이 자연스럽다. 반대로 사회 통념상 긍정적인 행동에 대해 물어볼 때에는 현재 시점에서 어떤 행동을 취하고 있는지 물어보고 과거에 벌인 행동을 나중에 물어보도록 한다.

- **질문의 길이와 배치에 대한 주의**: 응답자에게 위협적인 질문을 할 경우에는 너무 짧지 않은 것이 좋다. 충분히 설명하고 마음을 열 수 있도록 도와주어야 한다. 또한 필요시에는 덜 자극적인 질문 내부에 자극적인 하위 질문을 포함시키는 것이 안정적이다.

- **신뢰도 대신 타당도를 확보**: 특히 위협적인 질문의 경우에 응답의 신뢰도, 즉 일관성을 높이기 위해 같은 질문 또는 유사 질문을 반복적으로 물어보는 것은 응답자를 화나게 만들 수 있다. 대신 한 번 응답을 받을 때

그 행동 또는 사건이 확실히 일어난 것인지를 확인받는 것이 좋다.

(설문 문항 구성 예) 음주에 관한 설문

1. 당신은 때때로 소주, 맥주, 와인, 양주 등의 주류를 섭취합니까? 혹은 비음주자에 해당합니까?

2. 우선 맥주에 관한 간단한 질문부터 시작하겠습니다. 사람들은 보통 집, 음식점, 주점을 포함한 많은 장소에서 회식을 하며, 대화를 하며, 같이 TV를 보며, 스포츠 경기를 관람하며 맥주를 마십니다. 당신은 한 번이라도 맥주를 마셔본 적이 있습니까?(아니라면 3번 문항으로 이동) (그렇다면) 가장 최근의 맥주 음주 경험에 관하여 이야기해주세요. 최근 일 년 동안 맥주를 마셔본 적이 있습니까?

   ☐ 예 (a, b, c 항목에 응답 바랍니다)
   ☐ 아니오 (a, b 항목에 응답 바랍니다)

   a. 당신은 평균적으로 얼마나 자주 맥주를 마십니까? 얼마나 마셨는지에 상관없이 대답해주세요.

   b. 보통 맥주를 얼마나 마시나요? 병, 캔, 잔으로 쳤을 때 어느 정도 양인지 대답해주세요.

   c. 한달 이내에 맥주를 섭취한 경험이 있습니까?

   (후략)

3.2.6 인구통계학적 정보 수집

인구통계학적 정보는 조사의 방법을 막론하고 대부분의 조사에서 수집되는 정보의 유형이다. 설문 조사에서도 조사 대상이 되는 개념이 어떤 것인가에 상관없이 중요한 정보로 수집된다. 성별, 연령대 등과 같이 기본적인 인구통계학 정보들은 분석의 중요 변수로 활용되는 경우가 많으며, 분석 결과에서도 중요 분류 체계로 자주 이용된다. 인구통계학적 정보를 수집할 때에는 다음과 같은 사항들을 주의할 필요가 있다.

- **가능하면 조사의 마지막에 배치**: 다양한 인구통계학 정보를 수집하는 것 자체가 응답자에게 심리적으로 영향을 미칠 수 있다. 특히 인종이나 소득과 같이 민감한 정보를 수집할 경우에는 가능하면 본 조사가 종료 되고 나서 별도로 수집하는 것이 좋다. 단, 특정한 부류의 사람들(예: 20~30대 계층)을 대상으로 조사하는 경우에는 해당되는 정보(예: 연령 대)를 본 조사가 수행되기 전에 먼저 수집할 수 있다.

- **정확한 연령 정보를 위해서 생년 수집**: 응답자가 본인의 연령을 혼동하는 경우가 있고, 특히 문화권별로 연령을 계산하는 방법이 다르기 때문에 생년을 수집하는 것이 정확한 연령을 아는 데 도움이 된다.

- **필요시 소속, 직업, 직급, 업무를 분리하여 수집**: 응답자가 무슨 일을 하는 사람인지에 대한 질문은 소속, 직업, 직급, 업무 등과 관련이 있다. 일반 적으로 설문의 효율을 위해 직업으로 통폐합하여 설문 항목을 구성할 수 있는데 응답자가 직접 직업을 기입하는 경우 체계적이지 않은 분류 로 분석이 어려워질 수 있다. 만약 응답자가 하는 일을 분석에 반영하고 싶을 경우에는 유형을 보기로 제공하거나 소속 등의 정보를 따로 받아 서 보조적으로 활용한다.

- **소득 정보는 가능하면 상세하게 수집**: 개인 또는 가족의 소득과 관련된 정보를 수집하는 것은 쉽지가 않다. 사회적인 체면이나 부정적인 인식

을 피하기 위해 왜곡하여 정보를 기입하는 응답자들도 있고, 실제로 가족의 수입을 알지 못해서 잘못 기입하는 응답자들도 있다. 이는 차치하고라도 소득이라는 것에 대한 명확한 기준을 제시해야 제대로 답할 수 있다. 현재 직장, 사업장, 소속된 조직으로부터 받는 급여, 기타 활동으로부터 얻는 부수입, 부동산, 예금, 주식 등의 자산으로부터 나오는 수입 등을 별도 항목으로 구성하는 것이 가장 정확하다. 세전인지 세후인지를 명시하는 것도 필요하다. 설문의 효율성 추구를 위해서는 종합소득에 대해서 물어보게 되는데, 이 경우에도 위와 같은 상세한 항목들을 언급해주는 것이 추산에 도움이 된다.

3.3 포커스 그룹 인터뷰

3.3.1 기본 개념

포커스 그룹 인터뷰(FGI, Focus group interview)는 표적 집단 면접, 집단 심층 면접, 집단 면접 등으로 다양하게 불린다. 용어의 다양함에서 알 수 있듯이 다양한 분야에서 다양한 목적으로, 그리고 다양한 방법으로 실행되고 있다. 사용성 분야뿐만 아니라 사회과학, 마케팅 분야에서도 활발하게 사용되고 있다. 학문적인 목적보다는 실제 제품과 서비스와 연계하여 실용적으로 사용되는 편이다.

포커스 그룹 인터뷰의 명확하게 정의된 절차나 방법이 존재하는 것은 아니다. 자료의 결과가 주로 정성적으로 분석되다 보니 엄격한 절차에 의해 실행되기보다는 유연성 있게 상황에 따라 변형된 절차로 진행된다. 최근에는 대개 5~10명 내외의 소그룹, 조사 대상이 되는 개념, 제품, 서비스 등과 관련이 있을 것으로 예상이 되는 그룹을 섭외하여 1~2시간 내외의 시간

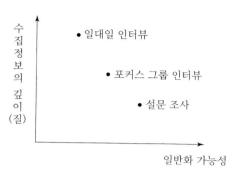

그림 3.1 **포커스 그룹 인터뷰의 특징**

동안 집단적으로 토론하고 의견을 받는 형태로 이루어지고 있다. 일반적으로 활발한 토론을 유도하기 위한 진행자가 존재하며 이 진행자의 역할이 중요한 것으로 다루어지고 있다.

포커스 그룹 인터뷰는 사회과학 연구에서 발달되기 시작한 것으로 알려져 있다. 미국 컬럼비아대학교의 로버트 머튼이 1940년대에 다른 연구자의 방법을 차용하여 발전시킨 것이 포커스 그룹 인터뷰의 모태가 되었다. 여러 사람의 의견과 생각을 한 번에 수집할 수 있어서 일대일 인터뷰를 여러 번 하는 것에 비해 비용이 저렴하다는 점, 토론을 통해 새로운 의견이 쉽게 도출될 수 있다는 점 등의 이점이 있어서 일부 연구에서 적극적으로 차용되었으나, 정량적인 분석이 어렵다는 단점이 있어서 학계에서는 널리 이용되지 못하였다. 이와 관련하여 일반화 가능성에서는 일대일 인터뷰보다 낮지만 설문 조사 대비 부족하고, 수집 정보의 질은 일대일 인터뷰보다 낮지만 설문 조사 대비 높은 측면이 있다.

3.3.2 진행자의 중요성과 역할

포커스 그룹 인터뷰는 문화기술지 조사 방법과 유사한 점이 있는데 그것은 조사 대상자들을 관찰한다는 것이다. 이와 같은 맥락에서 포커스 그룹 인터뷰 진행자의 기본적인 역할은 바로 참여자들을 근접 거리에서 관찰하는 것이다. 물론 참여자들과 활발하게 대화는 하지만 가능하면 그들이 생각하는 것을 방해하지 않고 풍부한 의견을 수집하는 것이 중요하다. 즉, 대화와 토론의 장을 만들어놓고 의미 있는 의견들을 관찰하며 수집하는 것이 진행자의 역할이라고 할 수 있다.

단순히 관찰과 수집이 목적이라면 진행자가 그리 중요하지 않다. 만약 시간이 무한정 주어져 있다면 인터뷰 참가자들이 대화를 나누는 중에 조사의 주제에 대한 화두도 포함되어 있을 것이고 이 중 의미 있는 것들을 수집하면 될 것이다. 하지만 보통 인터뷰 시간이 제한되어 있고 다수 참여자들 간의 관계가 서먹할 가능성도 높기 때문에 일종의 통제가 필요하다. 진행자는 직접 의견을 내지는 않지만 참여자들이 특정 주제의 의견을 잘 낼 수 있게, 그리고 나아가 새로운 생각을 도출할 수 있도록 도와줌으로써 조사를 효율적으로 수행하게 만든다. 진행자와 관련하여 다음과 같은 사항들에 대한 주의가 필요하다.

- **알맞은 진행자 선정**: 참여자들과 원활한 소통을 위해서 조사 주제에 대해 적절한 수준으로 지식을 가지고 있어야 한다. 또한 참여자들을 불편하지 않게 하면서 대화를 이끌어나갈 수 있어야 한다.

- **진행 보조원 활용**: 참여자들이 특정 제품, 서비스를 가지고 특정 작업을 해봐야 한다든지, 인터뷰 도중 복잡한 절차가 있다든지 하여 진행자 혼자서 전체 인터뷰를 진행하기 어렵다고 판단되면 인터뷰 현장 보조원을 활용할 필요가 있다. 진행자가 인터뷰 내용을 기록하며 동시에 진행하기 어렵기 때문에 보조적으로 기록하는 역할도 수행한다.

- **정서적 준비**: 진행자는 인터뷰의 원활한 진행을 위하여 적절하고 알맞은

태도를 갖추어야 한다. 언제나 경청하는 자세를 가지고 있어야 하고, 필요 시에는 의견과 생각을 이끌어내는 질문을 할 준비가 되어 있어야 한다.

- **한담, 침묵, 짧은 질문의 적절한 활용**: 서로 일면식이 없는 참여자들 간에 온화한 분위기 조성을 위해서 한담이 도움이 된다. 한담은 참여자와 참여자 간, 그리고 진행자와 참여자 간 신뢰 관계 형성에도 필요하다. 한편, 참여자들이 새로운 생각과 의견을 이끌어낼 수 있도록 침묵과 짧은 질문(예: "사례를 들어주실 수 있나요?", "더 자세히 설명해주실 수 있나요?")을 한다.

- **참여자의 반응 포착**: 참여자들은 대화와 토론 중에 언어적, 명시적으로 의견을 제시할 수도 있지만 때로는 비언어적인 반응을 보이거나 추임새 정도로 짧은 반응을 내보일 수도 있다. 진행자는 이를 포착하여 구체적인 설명을 요구하거나 공감을 표현할 수 있어야 한다. 또는 참여자가 특정한 의견, 생각을 가지고 있는 것이 맞는지 확인해볼 수 있어야 한다.

- **참여자의 대화 중재**: 많은 사람이 모이면, 의견을 활발하게 개진하는 사람도 있고, 반대로 소극적인 태도로 의견을 거의 나타내지 않는 사람도 생기기 마련이다. 진행자는 모든 참여자들이 골고루 의견을 제시할 수 있도록 대화를 적절히 통제할 수 있어야 한다.

- **인터뷰의 원활하고 능숙한 진행**: 진행자는 분위기뿐만 아니라 인터뷰 목적, 결과물에 대해 항상 인식하고 있어야 한다. 인터뷰 시작 시에는 주제와 대화 규칙 안내를 정확하게 해야 하고, 종료 시에는 토론의 요약, 주제와 목표의 상기, 감사 인사 등을 능숙하게 할 필요가 있다.

3.3.3 수행 절차 및 방법

포커스 그룹 인터뷰의 수행 절차와 방법은 규격화되지는 않았지만 대중적으로 수행되는 양식이 있다. 기본적으로 포커스 그룹을 먼저 선정해야 하고, 인터뷰 항목들이 있어야 하며, 참여자를 섭외해야 준비 과정이 끝난다. 이후 실제로 인터뷰를 수행하고 내용을 기록함으로써 자료를 수집하는 과정이 진행된다. 이를 절차화하면 포커스 그룹 선정, 인터뷰 항목 개발, 참여자 섭외, 포커스 그룹 인터뷰 수행, 기록 및 정리가 되며 구체적으로는 다음과 같다.

1. 포커스 그룹 선정: 조사 주제에 따라 어떤 포커스 그룹이 필요한지 결정한다. 제품이나 서비스와 연관된 주제의 경우 잠재적인 사용자를 인구통계학적 기준으로 분류한 후 점유율이 높은 대상으로 선정하는 것이 무난하다. 혹은 주제가 특정 사용자 계층과 관련이 되어 있을 경우 이 사용자계층을 명확하게 정의한 후 포커스 그룹으로 활용한다. 포커스 그룹은 가능하면 동질적인 집단으로 이루어지는 것이 분위기 형성 및 소통, 대화에 도움이 될 수 있다는 것을 고려한다.

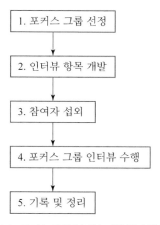

그림 3.2 **포커스 그룹 인터뷰 기획 및 수행 절차**

2. **인터뷰 항목 개발**: 집단 인터뷰에서는 진행자가 처음부터 끝까지 계획된 대로 이끌어가는 것이 불가능하다. 하지만 가능하면 수집해야 할 정보와 관련된 최소한의 질문 목록을 준비하는 것이 필요하다. 그것이 인터뷰를 체계적으로 진행하는 데에 도움을 준다. 질문의 내용 자체는 인터뷰 주제에 따라 바뀔 수 있지만 그것을 전달하는 과정과 양식에서는 다음과 같은 사항들을 고려할 필요가 있다.

- **가능하면 개방형 질문을 포함**: 좀 더 풍부한 의견을 수집하기 위해서 쉽게 대답할 수 있는 질문을 지양하는 것이 좋다. 특히 '예', '아니오' 형태, 혹은 '많이', '보통', '조금'과 같이 크기, 세기, 정도로 대답 가능한 형태의 질문은 하지 않는 것이 좋다.

- **'왜'라고 묻는 것은 지양**: 참여자가 가지고 있는 가치 체계나 의식의 근원을 알기 위해서 '왜'라고 묻는 것이 효율적일지는 모르지만, 다른 한편으로는 참여자를 인지적으로 경직되게 만들어준다. 다른 이들이 지켜보는 자리에서는 공식적이고 교과서적인 대답을 하게 될 가능성도 많다. 포커스 그룹 인터뷰에서는 가능하면 '왜'라고 묻지 않고, 현상적으로 나타나는 행동이나 결과, 주제의 특성 등에 대해서 물어보도록 한다. 참고로 일대일 인터뷰의 일종인 래더링 기법에서는 '왜'라고 묻는 것을 핵심적인 방법으로 사용한다.

- **미래보다는 과거 회상을 유도**: 같은 맥락에서 미래에 대해 묻는 것은 인지적 경직을 불러올 수 있다. 가능하면 참여자가 생각이나 경계를 적게 할 수 있도록 과거에 있었던 일 위주로 의견을 구하는 것이 필요하다.

- **짧고 명확한 질문으로 구성**: 다양한 참여자들이 쉽고 명확하게 이해할

수 있도록 질문을 구성해야 한다. 실제로 인터뷰를 진행하면 다양한 변수들이 있을 수 있기 때문에 질문을 짧고 명확하게 하는 것이 진행자에게도 여러모로 편리하다.

- **인터뷰 진행을 원활하게 하기 위한 다양한 유형의 질문 포함**: 포커스 그룹 인터뷰는 인위적으로 토론과 대화의 장을 만들어주는 것이기 때문에 주제를 소개하고, 환기하고, 유도하며, 마무리하는 다양한 유형의 질문을 준비해야 한다. 만약 스포츠 활동 기록 서비스를 주제로 진행한다면, 초기에는 "당신이 가장 좋아하는 스포츠가 무엇인가요?"와 같은 환기성 질문을 할 수 있고, 중반부에 "당신이 사용하는 스포츠 활동 기록 서비스의 장단점이 무엇인가요?"와 같이 내용 관련 질문을 할 수 있을 것이다.

래더링(laddering)

래더링, 래더링 기법, 래더링 인터뷰로 불리며 일대일 인터뷰 방식 중 하나로 사용된다. 사용자 경험 분야뿐만 아니라 소비자 분석, 마케팅 분야에서도 활발하게 이용되며, 레이놀즈, 구트만 등의 학자들에 의해 1980년대에 체계화되기 시작했다.

래더링 기법은 구트만의 수단-목적 이론에 근거하고 있다. 이 이론은 각 개인이 추구하고 있는 가치가 제품을 선택하는 의사결정에 일관되게 영향을 미친다는 내용을 가지고 있다. 뒤집어 이야기하면, 사람들이 제품을 구입하는 목적을 계속해서 파헤쳐나가다 보면 그 사람들이 추구하는 가치가 무엇인지 발견할 수 있다는 것이다. 래더링은 그 가치가 무엇인지 '왜'라는 질문을 던져 끝까지 파헤치는 기법이다. 일반적으로 다음과 같은 양식을 가지고 있다.

- 인터뷰 진행자: "왜 'A'라고 생각합니까?"

- 인터뷰 대상자: "'B'이기 때문입니다."
- 인터뷰 진행자: "왜 'B'라고 생각합니까?"
- 인터뷰 대상자: "'C'이기 때문입니다."
- 인터뷰 진행자: "왜 'C'라고 생각합니까?"

위와 같은 대화는 대상자가 추구하는 가치에 대한 이야기가 나올 때까지 계속해서 진행된다. 예를 들면 다음과 같은 대화를 상정해볼 수 있다. 인터뷰 대상자는 자존감이라는 가치를 소중하게 여기는 것으로 분석되었고, 그것은 짠 과자를 먹는 행동으로부터 끈질기게 질문을 거듭한 결과 파악된 사실이다.

- 인터뷰 진행자: "왜 그렇게 짠 과자를 먹습니까?"
- 인터뷰 대상자: "자극적인 맛이 강해야 덜 먹기 때문입니다."
- 인터뷰 진행자: "왜 덜 먹어야 합니까?"
- 인터뷰 대상자: "많이 먹으면 살이 찌기 때문입니다."
- 인터뷰 진행자: "왜 살이 안 쪄야 한다고 생각합니까?"
- 인터뷰 대상자: "살이 안 쪄야 남들이 봤을 때 외모가 나아 보이기 때문입니다."
- 인터뷰 진행자: "왜 외모가 좋아 보여야 하나요?"
- 인터뷰 대상자: "좋은 외모는 저의 자존감을 살려주기 때문입니다."

래더링 기법은 위와 같이 사람들이 추구하는 가치가 무엇인지를 밝혀주는 데에 도움이 되지만, 이를 적용하는 과정에서 부작용이 있는 것으로 알려져 있다. '왜'라는 질문 자체가 생각을 거듭해야 하기 때문에 인지적으로 부하가 가거나, 때로는 질문을 받은 사람이 일종의 위협이라고 느낄 수도 있다. 이와 관련하여 참고로 포커스 그룹 인터뷰 시에는 참여자를 불편하지 않게 하기 위해 '왜'라는 질문을 자제한다.

3. 참여자 섭외: 하나의 그룹에 포함되는 참여자 숫자가 명확하게 정해진 것은 아니지만, 5~10명 사이, 때로는 6~8명 사이의 인원이 추천되기도 한다. 적게는 한 시간, 많게는 두 시간 동안 자신의 의견을 낼 수 있는 충분한 시간이 확보되어야 하고, 진행자가 한 번에 통제할 수 있는 인원수 이내여야 하며, 참여자 간에 안정감을 느낄 수 있는 적당한 숫자여야 할 것이다.

참여자를 섭외하는 방법에는 여러 가지가 있을 수 있다. 공공장소나 온라인에 공지하여 임의의 참여자를 모집할 수도 있고, 전문 섭외 기관의 실험 참여 가능 인력의 목록을 활용할 수도 있다. 특정 전문가나 전문 조직의 추천을 통할 수도 있고, 특정한 조직의 내부 구성원을 통째로 섭외할 수도 있다. 포커스 그룹 인터뷰의 경우에는 보통 정량 분석을 전제로 하지 않기 때문에, 수리 분석과 일반화에 유리한 '임의로 모집, 섭외'하는 것보다는 다양한 조건을 파악하여 조사 주관자가 최종 선별하는 방식을 많이 쓴다.

4. 포커스 그룹 인터뷰 수행: 참여자가 섭외되고 기획된 시간에 한자리에 모여 진행자, 보조 진행자의 주관 아래 인터뷰가 공식적으로 시작된다. 일반적으로 인터뷰의 시작 단계에서는 환영 인사, 주제에 대한 간단한 설명, 포커스 그룹 인터뷰 진행 규칙 설명, 주제 환기를 위한 간단한 질문이 이어진다. 그리고 인터뷰 주제와 관련된 질의응답, 대화, 토론이 이어진다. 마지막으로 진행자가 간단하게 요약하고 빠진 것이 있는지 확인하는 질문, 감사 인사를 하며 마무리한다.

5. 기록 및 정리: 많은 정성 조사가 그렇듯이 포커스 그룹 인터뷰도 마찬가지로 분석하는 것이 어려운 편에 속한다. 보조 진행자들은 인터뷰 중에 나오는 중요 의견들을 가능하면 모두 받아 적되 분석을 고려하면서 적절하게

요약하며 기록할 필요가 있다. 인터뷰의 기초 자료는 카메라와 녹음기가 만들어주기 때문에 보조 진행자들은 분석 단계에 필요한 정리를 미리 수행한다는 취지에서 기록할 필요가 있다. 인터뷰가 종료되면 다음 인터뷰를 위해서 자리를 깨끗이 정리하는 것도 보조 진행자들의 몫이다.

3.3.4 근본적인 한계

포커스 그룹 인터뷰는 개별적인 인터뷰를 여러 번 수행하는 것과 대비하여 훨씬 비용 소모가 적고 새로운 의견 수집의 가능성이 높다는 점에서 큰 장점이 있다. 하지만 이 중에서 포커스 그룹 인터뷰 양식과 관련된 몇몇 단점이 있다. 여기에 근본적인 한계가 있다고 볼 수 있다. 애플의 임원인 조나단 아이브는 포커스 그룹 인터뷰가 사람들에게 비판받지 않는 평범하고 안전한 제품을 만들게끔 한다면서 비판한 바 있다. 하지만 포커스 그룹 인터뷰의 한계점이 이 조사 방법 자체를 무용하게 만드는 것은 아니다. 또한 한계점을 확실히 알고 있는 상태에서 시행했을 때 얻는 통찰도 있다는 것을 주지할 필요가 있다. 알려진 한계점은 다음과 같다.

- **조사자의 의도된 해석**: 참여자들은 다양한 의견과 생각을 어필할 수 있다. 조사자는 이것을 조합하고 분석하여 최종 결론을 내리게 되는데 이때 왜곡된 결론이 나올 수 있다는 것이다. 조사 당사자, 그리고 조사 결과를 확인하는 주체들은 조사 과정에서 왜곡이나 비약이 없었는지 면밀하게 감시해야 한다.

- **수행 공간과 상황의 인위성**: 여러 명의 참여자를 섭외하여 특정한 상황, 즉 인위적인 상황을 만들어놓고 그들에게 의견과 생각을 받는 것이기 때문에 자연스럽지 않은 결과가 나오기 마련이다. 진행자와 조사 주관

자가 의도된 방향으로 조사가 진행될 가능성도 있다.

- **부풀려지기 쉬운 표본 크기**: 정량적 분석이 아니기 때문에 참여자 숫자가 적은 것이 큰 문제가 되지는 않는다. 하지만 결과를 일반화할 때에는 참여자 숫자가 논란이 될 수 있다. 이와 같은 비판에 대응하기 위해 포커스 그룹 인터뷰 참여자 숫자를 내세울 수 있는데 이때 결과가 비약될 수 있다. 인터뷰에 섭외된 한 명의 의견이 그 그룹 전체의 의견을 대변하지 않기 때문이다. 이와 관련하여 진행자는 한 사람으로부터 중요 의견이 나왔을 때 나머지 사람들도 이에 동의하는지 혹은 반대하는지를 확인할 필요가 있다.

생각해볼 문제

- 조사, 설문, 인터뷰 개념에 대해서 설명하시오.
- 조사 대상 선정이 중요한 이유와 대상의 대표성 확보 방안을 설명하시오.
- 설문 항목이 중요한 이유는 무엇인가?
- 설문을 통해 얻을 수 있는 정보의 유형에는 어떠한 것들이 있는가?
- 설문 항목의 신뢰도 및 타당도를 높이기 위한 방안에는 어떠한 것들이 있는가?
- 포커스 그룹 인터뷰와 일반 인터뷰의 차이점은 무엇인가?
- 포커스 그룹 인터뷰 진행자가 주의해야 할 사항을 설명하시오.
- 래더링이란 무엇인가?

3장 참고문헌

1. Bradburn, N. M., Sudman, S., Blair, E., Locander, W., Miles, C., Singer, E., Stocking, C. (1992). *Improving interview method and questionnaire design: Response effects to threatening questions in survey research.* UniversityMicrofilms.

2. Benton, T., Sayer, A. (1985). *Method in Social Science: A Realist Approach*, Routledge.

3. Chudoba, B. (2010). Does adding one more question impact survey completion rate. *Survey Monkey Blog.*

4. Davis, J. A., Smith, T. W., Marsden, P. V. (2000). General Social Survey 1998 [United States]. *Chicago: National Opinion Research Center, University of Chicago.*

5. Krueger, R. A., Casey, M. A. (2002). Designing and conducting focus group interviews. *Social Analysis, Selected Tools and Techniques*, 4-23.

6. Reynolds, T. J., Gutman, J. (1988). Laddering theory, method, analysis, and interpretation. *Journal of advertising research*, 28(1), 11-31.

7. Reynolds, T. J., Olson, J. C. (Eds.) (2001). *Understanding consumer decision making: The means-end approach to marketing and advertising strategy.* Psychology Press.

8. Sudman, S., Bradburn, N. M. (1982). *Asking Questions: A Practical Guideto Questionnaire Design*, John Wiley & Sons.

04

사용성
평가 방법

4.1 개요와 특성

4.1.1 정의와 역사적 배경

사용성(usability)은 제품이나 서비스를 얼마나 어떻게 사용하기 좋게 만드느냐에 대해 다루는 분야이다. 사용자 친화(user friendly), 사용하기 쉬운/편리한 정도(usable), 특정 작업/기능/제품 및 서비스에 접근하기 쉬운 정도(accessibility)와 같은 용어와 자주 같이 사용된다. 그리고 사용자 중심 디자인(user-centered design)과 같은 체계, 절차와도 같이 언급되며, 인간공학(human factors or ergonomics)과 같은 분야와 매우 밀접한 것으로 여겨진다.

사용성은 사용자가 사용하는 대상이 무엇이냐에 따라 개념과 적용 방법, 평가 방법이 달라질 수 있다. 사용성의 개념이 20세기 후반에 개인용 컴퓨터의 발전과 궤를 같이하는 만큼, 좁은 의미에서는 소프트웨어, 나아가 웹, 애플리케이션 등을 대상으로 한정하는 경우가 많다. 사용성 분야에서 초창기부터 많은 기여를 해온 제이콥 닐슨은 주로 웹을 대상으로 연구와 평가를 진행해온 바 있다. 하지만 컴퓨터와 관련된 것뿐만 아니라 일상생활에서 취급되는 다양한 제품, 그리고 서비스에도 적용될 수 있다는 정도에 대해서는 많은 이들이 동의하고 있다.

사용성의 범위와 정의에 대해서는 이견이 있는 편이지만, 국제표준화기구(ISO, International Organization for Standardization)에서 내린 광의의 정의가 가장 범용적으로 인용되고 있으며 큰 틀에서는 다른 의견들도 이에 부합한다고 볼 수 있다. 국제표준화기구는 사용성을 "**특정 사용자가 특정 상황에서 특정 목적을 가지고 제품을 사용할 때 효과적(effectiveness)이고, 효율적(efficiency)이며, 만족(satisfaction)스러운 정도**"라고 정의한다. 국제표준화기구의 사용성 정의 문서의 제목이 처음 문서가 발효된 1998년에는 '영상단말기(VDT, visual display terminal)를 이용한 작업의 인간공학적 요구사항'

이었는데, 이후 '인간 시스템 상호작용을 위한 인간공학 접근'으로 변경되었다. 이는 시간이 지남에 따라 사용성의 범위가 처음에는 컴퓨터 단말기에서 범용 제품으로 변하고 있음을 대변해준다.

그러던 것이 최근에는 사용성의 범위와 분야가 다시 축소되고 있는 경향이 있다. 융합 개념으로서의 사용자 경험 영역이 넓어지고 점차 보편화되어 감에 따라 사용성 개념을 포괄적으로 사용할 필요성이 줄어든 것이다. 이에 따라 입출력 장치가 구비되어 사용자와 대상 제품이 상호작용할 수 있는 여지가 있는 상황에서, 제품을 조금 더 사용자 친화적으로 개발, 개선하는 분야라는 인식이 강해지고 있다. 어쨌든 사용성과 관련된 다양한 방법론들은 사용자 경험과 관련된 여러 가지 도구들 가운데, 가장 공학적인 기반을 탄탄하게 가지고 있다. 뿐만 아니라 분석 결과의 신뢰도 및 타당도를 안정적으로 높여주는 데 기여하기 때문에 여전히 중요하고 배워둘 필요가 있다.

4.1.2 정보 처리 이론

사람이 오감을 통해 자극을 받아들이고 이를 기억으로 연계하며 필요시 행동에 옮기는 체계를 이론화하는 작업은 오래 전부터 이루어졌다. 소위 정보 처리 이론은 1970년대부터 체계화되기 시작했다. 이 과정에서 오감 중에서도 시각과 청각을 중심으로 한 감각 기관이 신경 체계를 통해 뇌에 도달하고 시각 정보 및 청각 정보 중 일부가 작업 기억, 나아가 장기 기억으로 어떻게 저장되는지를 규명하기 위한 연구들이 동반되었다.

이러한 체계에서는 사람의 인지 과정을 기계적으로 분석하는 시각을 가지고 있다. 감각을 받아들이는 눈, 귀와 같은 기관들은 일종의 수용 기관이고, 특정한 정보가 감각 기관으로부터 뇌에게 도달하기까지 일반적인 통로가 있는 것으로 가정한다. 또한 마치 컴퓨터 장치에 저장 매체뿐만 아니라 휘발성 정보를 저장하는 램(RAM)이 존재하는 것처럼 사람의 머릿속에도 단기

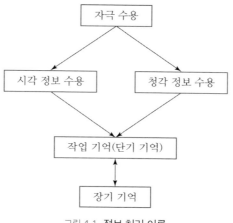

그림 4.1 **정보 처리 이론**

적으로 정보를 저장해놓는 단기 기억 장치가 존재하는 것으로 가정한다. 이른바 작업 기억 부분으로 불린다.

작업 기억과 관련하여 밀러와 같은 연구자들이 일종의 정보 묶음 기억이라고 볼 수 있는 청킹(chunking) 개념과 병합하여 인간이 단기적으로 얼마나 기억할 수 있는지에 대한 연구 결과를 내기도 했다. 정보의 묶음을 청크(chunk)라고 정의하면, 하나의 청크를 마치 하나의 정보로 기억하여 정보 저장 용량을 효율적으로 활용할 수 있는 방법이 청킹이다. 실험을 통해 알려진 바로는 인간은 순수하게 평균 3청크를 순간적으로 기억할 수 있는데, 작업 기억을 활용하겠다고 의도적으로 인식한 상태에서는 평균 7청크를 기억할 수 있다. 이것을 '밀러의 매직 넘버'라고 부르기도 한다. 그리고 약 7초가 지나면 이중의 절반 정도의 정보가 손실된다.

한편 작업 기억으로 넘어오기 전, 이미지 형태의 잔상 용량과 그 반감기에 대해서도 실험적으로 알려진 결과가 있다. 일반적으로 청각 정보가 시각 정보에 비해 용량은 적지만 잔상이 오랫동안 남는 것으로 알려져 있다. 시각 정보는 약 200 ms, 청각 정보는 약 1500 ms 후면 절반 정도의 정보가 손실되

표 4.1 중요 정보 처리 요소와 측정치

정보 처리 요소	평균 (범위)
시각 정보 잔상 반감기	200 ms (90~1000 ms)
시각 정보 잔상 용량	17자 (7~17자, 알파벳 기준)
청각 정보 잔상 반감기	1500 ms (90~3500 ms)
청각 정보 잔상 용량	5자 (4.4~6.2자, 알파벳 기준)
작업 기억 반감기	7 s (5~226 s)
순 작업 기억 용량	3청크 (2.5~4.2청크)
효율적 작업 기억 용량	7청크 (5~9청크)

는 것으로 알려져 있고, 잔상의 용량은 시각 정보가 약 17글자, 청각 정보가 5글자 정도인 것으로 알려져 있다.

지금까지 언급한 정보 처리 관련 연구들은 이론적인 토대를 제공한다는 점에서 사용성 분야에서 적극적으로 차용되어 왔다. 예를 들어 시각 잔상과 청각 잔상은 통로와 기제가 다르다는 점을 들어서 사용자에게 중요한 알람을 제공할 때에는 시각 신호와 청각 신호를 동시에 주기도 한다. 또한 사용자가 순간적으로 외워야 할 요소, 대상이 있는 경우에는 작업 기억 용량을 고려하여 일정 숫자 이내로 제한하기도 한다. 하지만 표 4.1에서도 알 수 있듯이 정보 처리와 관련해서는 개인차이가 많이 나는 편이기 때문에 특정한 숫자에 매몰되는 것이 바람직하지는 않다는 것을 주지할 필요가 있다.

4.1.3 경로 의존 현상

경제학과 사회과학에 경로 의존 현상으로 알려진 것이 있다. 한번 특정한 경로에 의존하기 시작하면, 나중에 그 경로가 비효율적이라는 사실을 알고 나서도 의존하는 현상에 대한 것이다. 이를 뒷받침해주는 사례로는 예전에 많이 사용되었던 비디오테이프 포맷이 회자되곤 한다. VHS라고 하는 타입과 베타맥스라고 하는 타입이 있다. 베타맥스는 VHS가 광범위하게 보급되고 나서 소니에서 새로 기획 개발한 포맷이다. 여러 측면에서 VHS보다 낫기 때문에 당연히 성공하리라는 예상을 깨고 시장 지배력을 얻지 못하였다. 그 이유는 VHS가 이미 널리 보급이 되고 그와 관련된 인프라가 구축이 된 상태였기 때문이다.

키보드의 배열에도 비슷한 사례가 있다. 바로 QWERTY 키보드에 대한 것이다. 키보드의 원형인 영문 타자기의 배열이 좌측으로부터 Q, W, E, R, T, Y 순서로 시작하는 데에서 QWERTY 배열의 이름이 유래되었다. QWERTY 이후에 드보락(Dvorak)이라고 하는 배열이 등장했는데, 실제로 단어나 문장을 칠 때 효율적인 배열이다. 그런데 베타맥스의 경우와 비슷하게, 드보락 배열은 QWERTY 배열을 대체하지 못하였다. 사람들은 이미 QWERTY 키보드에 익숙해있었기 때문이다. 한글 키보드에서 두벌식과 세벌식도 마찬가지 경우로 볼 수 있다. 세벌식이 두벌식 배열에 비해 효율적인 것으로 알려져 있지만 사람들이 익숙해 있는 두벌식을 대체하지 못하고 있다. 참고로 세벌식은 역사가 오래되기는 했지만 표준으로 제정되지 못하는 바람에 역사 속으로 한차례 사라진 바 있다.

사용성 수준이 높음에도 불구하고 대중의 채택을 받지 못하는 대안들이

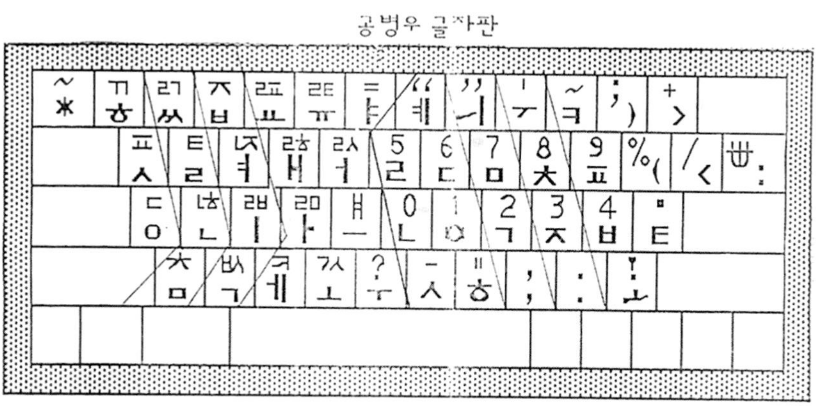

그림 4.2 한글문화원에서 1991년에 발표한 3-91 자판(세벌식 키보드)

있다는 것은 확실하다. 베타맥스의 예에서도, QWERTY 키보드나 세벌식 키보드의 예에서도 이와 같은 점이 드러난다. 사용자에게 익숙한 제품이나 서비스, 기능, 형태가 그렇지 않은 것에 비해, 심지어 절대적인 사용성이 더 높은 것들에 비해서 선호될 수 있다는 것이다. 사용성 수준을 평가하거나 조사할 때 이와 같은 점을 반드시 참고할 필요가 있다. 제품이나 서비스의 사용성을 아는 것은 더 좋은 참고자료로 활용하기 위함이지 최종 결정을 내리기 위한 만능 도구가 아닌 것이다.

4.1.4 주요 평가 지표

사용성은 제품이 얼마나 사용자 친화적으로 설계되어 있는지를 나타내는 개념으로 그 자체로서 제품 및 서비스를 판단하는 지표 역할을 한다. 이는 문화기술지 조사 방법, 설문 및 인터뷰 조사 방법과 다르다. 문화기술지 조사 방법, 설문 및 인터뷰 조사 방법은 미리 조사 주제가 정해져 있다는 가정하에 이 주제를 깊이 있게 파악하고 분석하기 위한 **조사 방법**이고, 사용성은 평가하는 방법이라기보다는 **주제나 개념**에 가깝다. 엄밀히 말하면 모든 문화기술지 조사 방법, 그리고 설문, 인터뷰 조사 방법들은 사용성을 평가하는 데에 활용될 수 있다. 실제로도 상당수가 이렇게 이용된다. 물론 사용성 평가에 특화된 일부 방법론들도 있는데 이는 뒤에서 다루도록 한다.

사용성을 측정 혹은 평가하기 위한 지표로 가장 기본적인 것은 효과성 (effectiveness), 효율성(efficiency), 만족도(satisfaction)를 들 수 있다. 국제 표준화기구에서 정의한 사용성 개념이 이들 세 가지로 구성되어 있기도 했고, 사용성이라는 추상적인 개념을 정량적으로 분석할 수 있도록 길을 열어 주기도 하여 초창기 사용성 연구와 조사에 자주 사용되었다. 이후로는 중요한 개념이 추가되고 다변화되었는데 주요 지표들을 정리하면 단순성, 접근성, 효율성, 정보제공성, 학습성, 사용자 지원 등이 있다.

- **단순성(simplicity)**: 제품 및 서비스의 외관, 기능 제공 방식, 절차는 간단 명료해야 한다. 기능이나 모드의 대안이 너무 많은 경우 사용자의 혼란 을 가중시킬 수 있으니, 반드시 필요한 것들만 제공하도록 한다.

- **접근성(accessibility)**: 사용자가 원할 때 제품 및 서비스 그 자체 혹은 부속 기능에 대한 접근을 원활하게 할 수 있게 해주어야 한다. 이때 접근 방식이 사용자의 충분한 권한과 통제 아래 이루어질 수 있어야 한다. 접근성의 경우에는 일반적인 사용자뿐만 아니라 고령자, 장애인 과 같은 특수한 사용자들을 위해서도 충분히 확보가 되어야 하며 유니 버설 디자인(universal design)과 연계되기도 한다.

- **효율성(efficiency)**: 사용성의 오래된 지표 중에 하나이다. 사용자가 제 품이나 서비스를 이용하여 작업을 수행할 때 효율을 높여줄 수 있어야 한다. 가능한 적은 노력을 들게끔 하고 불필요한 시간 소모 없이 정확한 결과물을 도출할 수 있도록 해주어야 한다.

- **정보제공성(informativeness)**: 제품이나 서비스와 사용자 간 상호작용이 이루어질 때 사용자가 필요한 정보를 적절한 수단과 방법으로 얻을 수 있게 해주어야 한다. 정보 그 자체의 포괄성과 명확성도 전제되어야 하며 정보가 제공되는 방식에 있어서도 효율적이어야 한다. 잘 보이고 쉽게 읽을 수 있어야 하고, 잘 들을 수 있어야 한다.

- **학습성(learnability)**: 사용자가 제품 및 서비스의 인터페이스를 쉽고 능 숙하게 다루기까지 학습하는 데 드는 노력이 적어야 한다. 이를 위해서 는 익숙하고 친숙하게 설계를 해야 하며, 사용자가 암기해야 할 내용을 최소화해야 한다. 제품 및 서비스는 예측 가능해야 하고 직관적이며

일관성 있게 설계되어야 한다.

- **사용자 지원(user support)**: 사용자가 혼란을 겪거나 제품 및 서비스 오류, 사용자 실수 등이 발생하는 경우에 사용자가 잘 대응할 수 있도록 적절한 도움을 주어야 한다. 도움말, 가이드라인, 설명서가 제품 및 서비스 사용 주기 전반에 걸쳐서 제공되어야 한다. 현재 상황, 상태를 적시에 잘 알려주는 것도 필요하고, 사용자가 실수를 하였을 때 이를 되돌릴 수 있는 기능도 제공해주어야 한다.

4.2 벤치마크 평가

4.2.1 기본 개념

벤치마크 평가라는 개념은 다양한 분야에서 많이 활용된다. 특히 새로운 시스템의 하드웨어나 소프트웨어의 성능을 비교할 때 주로 사용된다. 이때 비교 대상이 되는 하드웨어 또는 소프트웨어를 동일한 여건에 두고 평가하는 것이 중요하다. 사용성 분야에서도 서로 다른 인터페이스의 사용성 수준을 비교할 때 벤치마크 평가 개념을 사용한다. 사용성 벤치마크 평가는 때로 사용성 테스트(usability test), 사용자 테스트(user test)로 불리기도 한다.

벤치마크 평가의 핵심은 둘 이상의 대상물을 가능한 객관적으로 비교하는 것이다. 사용성이라는 것이 지표를 아주 구체적으로 상정하더라도 측정할 때마다 상황에 따라 상이한 결과가 수집되기도 하고, 평가자에 따라 다른 결과가 나올 수도 있기 때문에 이에 의한 효과를 최소화하는 것이 필요하다. 따라서 가능하면 다양한 과학적이고 체계적인 방법을 동원하여 사용성에 영향을 미칠 수 있는 요소들을 통제한다. 제품이나 서비스를 사용하는 상황 및 환경, 평가자, 평가 지표, 평가 절차 및 방법, 분석 방법이 모두 중요하다.

여기에서 평가 대상과 상황에 따라 절차와 방법이 다를 수 있기 때문에 어려운 점이 있다. 일반적인 절차와 방법이 정해져 있지 않아, 벤치마크 평가는 조사자의 전문성에 의존하는 경우가 많아진다. 또한 적절한 통제와 분석 도구 없이 실행된 벤치마크 평가는 왜곡된 결과를 나을 수도 있다. 이러한 면들이 벤치마크 평가 자체에 대한 비판을 불러오기도 한다. 가장 큰 비판은 평가에 들이는 노력에 비해 사소한 결과를 도출한다는 것이다.

하지만 이러한 점들에도 불구하고 특정한 인터페이스들의 사용성 수준을 비교적 객관적으로 증명할 수 있다는 점에서 여전히 많이 활용되고 있다. 문화기술지 조사 방법들, 별도로 언급되는 휴리스틱 평가 방법 등에서는 주로 문제점을 발굴하거나 개선하는 데에 초점이 맞추어져 있다. 약식 평가 방법으로도 정량적인 사용성 수준이 도출되나 말 그대로 약식이기 때문에 신뢰 수준에 어느 정도 한계가 있다. 체계적으로 이루어진 벤치마크 평가 결과는 신뢰 수준이 상당히 높은 편이며 다른 방법으로 보완하기 힘들기 때문에 앞으로도 계속해서 각광받을 방법이라고 할 수 있다.

컨슈머리포트(Consumer Reports)

벤치마킹 평가가 공신력 있는 기관에서 체계적으로 잘 이루어지고 있는 대표적인 사례를 보여준다. 1936년부터 발간되어온 미국 기반 매거진이다. 실제 사용자 입장에서 특정한 제품이 어느 정도로 괜찮은 것인지를 공정하게 평가하여 결과를 싣는다. 공정성을 기하기 위해 제품의 평가도 직접 수행하며 지표도 직접 관리한다. 사용성뿐만 아니라 내구성이라든지 성능 측면에서의 지표도 포함되어 있다. 구독부수가 약 7백만이 넘는 것으로 알려져 있다.

그림 4.3 **컨슈머리포트 표지**

컨슈머리포트를 발간하고 있는 미국소비자동맹(CU, Consumer Union)은 비영리기관이다. 제품 및 서비스를 직접 평가하고, 기업의 권익에 휘둘리지 않기 때문에, 이 일의 특성상 기업과 시비에 휘말리는 일이 잦다. 실제로 보스, 스즈키 등의 기업들로부터 굵직굵직한 소송을 당한 일이 많으며 아직까지는 져본 일이 없다. 이는 비영리기관으로서의 정체성을 잘 지켜온 편으로, 평가를 객관적으로 잘 수행한 덕택이다.

그림 4.4 **컨슈머리포트에서 사용되는 5점 척도 심벌**

4.2.2 평가 참여자의 섭외

벤치마크 평가의 경우 정량적인 분석을 전제로 한다는 점에서 평가 참여자의 섭외가 다른 평가와는 다르게 이루어지는 특징이 있다. 수행하는 수리

분석의 종류에 따라 해당 분석의 가정에 맞게 최소한으로 필요한 숫자 이상으로 섭외한다. 참여자 숫자가 많을수록 결과의 일반화에 도움이 되는 것은 사실이나 애초에 분석의 가정과 틀이 기획되어 있기 때문에 그 한계를 벗어날 수는 없다. 일반적으로 수십 명 정도를 섭외하여 분석한다.

이 같은 점 때문에 벤치마크 평가의 참여자 섭외는 탐색적인 조사, 특히 문화기술지 조사에서의 대상자 섭외와는 다르게 이루어진다. 문화기술지 조사에서는 자료를 수집하고 분석하는 와중에 조사의 중요 가설이 새로 설정될 수 있거나 뒤바뀔 수 있다. 그렇기 때문에 애초에 예상하지 못했던 의견, 생각, 행태 수집을 위해 가능한 다양한 배경, 또는 조사 주제와 밀접하게 연관된 배경을 가진 대상자들을 수집하는 것이 중요하다. 조사 대상자가 가설을 바꾸거나 결과에 중요한 영향을 미칠 수 있다는 전제가 깔려 있는 것이다.

반면 벤치마크 평가에서는 가설이 미리 세워지고 이후에 평가자를 섭외하고 자료 수집 및 분석이 이루어진다. 벤치마크 평가에서는 통상적으로 '평가 대상 간에 사용성 측면에서 유의한 차이가 없다'와 같은 가설이 세워진다. 그리고 수리적 분석에는 평가자들의 정성적인 의견보다는 정량화된 자료가 이용된다. 이때 평가자들은 수치로서 이야기하는 셈이다.

이와 같은 견해의 차이를 여실히 보여주는 방법들이 바로 어피니티 다이어그램과 카드 소팅이다. 두 가지 방법은 모두 개념을 추상화하여 분류하는 데에 사용되며 비슷한 개념을 묶는 데에 이용된다. 실제로는 큰 차이 없이 변형되어 사용되고는 하지만 분류에 참여하는 참여자를 대하는 관점이 다르다. 어피니티 다이어그램은 참여자를 의견과 개념 생산에 도움을 주고 결과를 같이 만들어가는 사람으로 인정하여 그들의 의견을 가능한 정성적으로 반영한다. 한편 카드 소팅에서는 특정한 의견에 동의한 참여자 숫자가 많은 것을 중요하게 다루어, 결과적으로는 참여자의 의견을 가능한 정량적으로 반영한다. 둘 중에서 어느 견해, 어느 방법이 낫다고 볼 수 없다. 단, 조사 목적에 따라 참여자를 서로 다르게 활용한다는 것을 이해할 필요가 있다.

그렇다고 해서 벤치마크 평가의 참여자가 숫자로서만 기여하는 것은 아니다. 조사 목적과 내용에 직접적인 관련이 없다고 해도, 가능하면 적절하게 다른 요인들의 균형을 맞추어줄 필요는 있다. 예를 들어 성별의 차이가 결과에 유의한 영향을 미칠 것으로 판단된다면 가능하면 동수의 평가자를 섭외하도록 한다. 이외에도 인구통계학적 특징 또는 제품이나 서비스의 이전 사용 경험 등에서 중요하게 결과에 영향을 미칠 수 있다고 판단되면 통제하기도 한다. 하지만 이는 결과에의 영향을 최소화하기 위한 조치인 것이며 모든 요인을 통제하는 것이 조사의 필요조건이라고 볼 수는 없다.

4.2.3 수행도와 만족도 지표

벤치마크 평가에서 가장 중요한 사용성 지표는 크게 두 가지로 분류할 수 있다. 그것은 제품이나 서비스의 사용성을 객관적이고 정량적인 방식으로 보여주는 **수행도**(perfomance)와 주관적으로 평가된 **만족도**(satisfaction)이다. 국제표준화기구에서 정의했던 것처럼 수행도를 효과성과 효용성 지표로 분리하기도 하지만 이를 모두가 동의하는 명확한 기준으로 나누는 것이 애매하기 때문에 보통은 정량적으로 측정된 결과값을 수행도 안에 포함시킨다.

수행도 지표는 일반적인 사용성 지표를 모두 포괄하지는 못한다. 단순성, 접근성, 효율성, 정보제공성, 학습성, 사용자 지원 등 대표적인 사용성 지표 중에서도 직접적으로 관련되어 있다고 보이는 지표가 많지 않다. 기껏해야 효율성, 접근성 등을 직접적으로 대변한다. 이에 따라 수행도를 중심으로 하는 사용성 평가에는 근본적인 한계가 있을 수밖에 없다. 누락되는 지표가 발생함에 따라 사용성을 제대로 대변할 수 있는 것인지에 대한 의문이 불거지기 때문이다.

그럼에도 불구하고 벤치마크 평가에서 자주 이용되는 이유는 다른 지표와 달리 객관적인 정보의 수집이 가능하기 때문이다. 수행도와 관련하여 작업 수행에 걸리는 시간, 성공 여부, 사용자 오류율 등의 측정치가 주로 수집된다. 이들 측정치는 다른 측정치와 달리 평가자의 주관에 의존하지 않으며, 실제로 작업을 하는 와중에 얻어낼 수 있는 정량적인 값들이다. 제품이나 서비스의 종류와 그 안에서 가능한 작업에 따라 구체적인 측정치와 측정 방법이 달라질 수는 있다.

이렇게 얻어진 측정치들은 비교적 의미 있다. 벤치마크 평가를 통한 사용성 평가 방법의 신뢰도를 입증하기 위해서 기존 연구 결과를 종합하여 이루어진 메타 연구도 제법 진행된 바 있다. 결과적으로 수행도를 종합한 값이 만족도로 측정된 값과 상관관계가 높다고 알려져 있다. 만족도 측정치는 주로 전반적인 사용성에 대해 평가자들이 주관적으로 느끼는 수준을 측정한 것으로, 수행도와의 상관관계가 높다는 것은 수행도도 일정 정도 사용성을 반영하는 지표로 손색이 없다는 것을 뜻한다.

단, 상관관계가 매우 높은 수준이 아니기 때문에 수행도와 만족도 모두 독립적으로 측정해볼 만한 지표라고 볼 수 있다. 이 점에 대해서는 거의 모든 연구자들이 동의한다. 나아가서 수행도와 만족도 이외에도 사용성 주요 지표와 관련한 측정치를 구할 수 있는 상황이라면 별도로 측정해보는 것이 바람직하다. 사용성은 다양한 지표를 포괄하고 있는 복잡한 체계이기 때문이다.

4.2.4 평가 수행 시 유의사항

벤치마크 평가를 수행할 때에 고려해야 할 사항들에는 여러 가지가 있다. 정량적인 분석 도구와 관련된 가정들을 충실히 따르기 위해서, 그리고 결과의 일반화 수준을 높이기 위해서 다양한 측면에서 중요하게 다루어져야 할 것들이 있다. 대표적인 사용 상황 고려, 중요 기능과 작업의 연결, 평가자의 자질 확인, 작업 순서의 설정 등이 그것이다.

- **대표적인 사용 상황 고려**: 벤치마크 평가는 둘 이상의 대상물을 가능한 동일한 조건에서 비교를 하는 것이 중요하다. 그런데 동시에 결과의 일반화 범위를 넓히기 위해서 가능한 다양한 조건에서 체계적인 비교를 하는 것도 중요하다. 이를 위해서 우리가 흔히 상황이라고 부르는 맥락적인 변수를 잘 통제하는 것이 필요하다. 모든 상황을 모두 고려하는 것은 불가능에 가깝기 때문에, 제품이나 서비스를 둘러싼 대표적인 상황을 상정한 후 이를 실험 수행할 때 반영하는 것이 일반적이다. 이어폰과 같은 제품을 예로 들면 '조용한 환경 속에서의 청음', '어느 정도 소음이 있는 대중교통 이동 중의 청음' 등과 같은 상황을 고려해볼 수 있다. 평가 환경을 제품 및 서비스의 사용 상황 환경에 맞게 꾸미도록 한다.

- **중요 기능과 작업의 연결**: 평가의 환경이나 상황을 구성할 때 실제 사용 상황을 고려하는 것과 유사하게, 평가를 위한 수행 작업을 설계할 때에는 제품 및 서비스의 주요 기능을 고려한다. 조사 목적에 따라 달라질 수 있는데, 주로 제품이나 서비스가 설계될 때 의도적으로 중요하게 설정된 기능을 작업에 모두 포함하도록 한다. 이는 결과를 분석하여 일반화할 때 저변을 넓혀주는 역할을 한다.

- **평가자의 자질 확인**: 정성적인 정보를 수집하고 탐색하는 조사에서는 사전에 조사 대상자의 배경을 자세하게 파악하고 적극적으로 거르는 과정이 포함될 수 있다. 벤치마크 평가의 경우에는, 조사의 목적상 임의로 섭외된 참여자가 모두 참여할 수 있는 환경을 구성한다. 하지만 수행하는 작업에 고난도의 기술이나 숙련된 경험이 필요하거나, 특정한 문

제가 없어야 하는 경우에는 간략하게나마 참여자를 거르는 과정이 포함될 수 있다.

- **작업 순서의 설정**: 평가하는 작업에 여러 가지 유형이 있다면 이를 실행하는 순서도 균형을 맞추어야 한다. 보통 한 사람의 평가자가 모든 작업을 수행하는 실험 설계 방법을 **피험자 내 설계**(within subject design), 한 사람의 평가자가 일부의 작업만 수행하고, 다른 작업은 또 다른 평가자 집단이 수행하도록 하는 것을 **피험자 간 설계**(between subject design)라고 한다. 여러 작업을 모두 수행해도 어느 정도 독립적으로 평가가 가능할 것으로 보이고, 학습 효과가 크지 않을 것으로 예상되면 피험자 내 설계 방식을 사용한다. 어떤 방식을 사용하든지 간에 작업 순서가 결과에 영향을 미칠 수 있기 때문에, 완전히 임의의 순서대로 진행하거나 특정한 알고리즘에 의해 작업 순서를 변경하기도 한다.

라틴스퀘어(Latin square)

라틴방진이라고도 한다. 행과 열에 각각 n개의 배열이 존재할 때, 특정한 행에서도 그리고 특정한 열에서도 n개의 서로 다른 심벌이 나타나도록 조합한 것이다. 예를 들어 A, B, C, D, E 다섯 글자를 가지고 5×5 정사각형 행렬을 만들었을 때 이 행렬의 어떤 행이나 어떤 열을 짚어내더라도 A, B, C, D, E 다섯 글자가 포함되어 있는 것이다. 라틴스퀘어는 수학자 레온하르트 오일러가 이름 붙였으며, 그가 이를 고안해낸 이후에 수학뿐만 아니라 다양한 분야에 응용되었다.

실험 설계 이론에도 마찬가지로 응용되었다. 기본 골자는 실험 작업의 순서가 결과에 영향을 미칠 수 있으므로 평가 시마다 실험 순서를 어떻게 다르게 할 것이냐에 대한 것이다. 팩토리얼 방식으로 정렬하여 모든 순서쌍을 고려하면 이상적이겠지만 이렇게 될 경우 평가 횟수가 너무 많아지는 것이 문제. 라틴스퀘어 정렬 방식을 사용할 경우에는 순서에 의한 영향을 줄이면서 평가 횟수도 적절한 선으로 유지할 수 있다는 장점이 있다. 최근 에는 라틴스퀘어에서 발전된 여러 가지 알고리즘이 제안되고 있다.

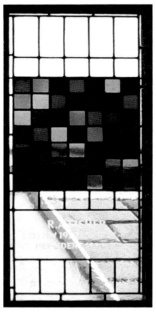

그림 4.5 카이우스 칼리지의 스테인리스 글라스
(피셔의 실험 설계 이론 업적을 기리기 위해 전시)

4.2.5 평가 분석의 방법과 의의

벤치마크 평가 결과는 주로 정량적으로 수집된다. 제품 A, B, C의 사용성 을 비교하고자 하는 것이 목적이었고 10명의 평가 참여자가 100점 척도로 각각 A, B, C에 대해 주관적으로 사용성 수준을 평가했다고 가정해보자. 평가 결과는 표 4.2와 같이 도출되었다.

표 4.2 10명의 평가자가 제품 A, B, C의 사용성 수준을 주관적으로 평가

	제품 A	제품 B	제품 C
평가자 1	75	75	80
평가자 2	65	65	60
평가자 3	70	75	75
평가자 4	65	65	70
평가자 5	75	75	75
평가자 6	70	80	75
평가자 7	65	65	75
평가자 8	60	70	70
평가자 9	70	75	65
평가자 10	70	70	80
표본평균	68.5	71.5	72.5
표본표준편차	4.50	5.02	6.02

우선적으로 고려해볼 수 있는 분석 방법은 표본의 평균을 비교하는 것이다. 벤치마크 평가의 목적이 비교하는 것이고, 우리는 무엇인가를 비교할 때 평균값을 구하여 비교하는 행태에 익숙해져 있다. 제품 A, B, C의 평균을 비교해보면 각각 68.5점, 71.5점, 72.5점으로 C가 가장 우위에 있고, B와 A가 그 다음을 잇고 있다. 이에 따라 A의 사용성이 가장 좋으며 C의 사용성이 가장 낮은 것으로 정리할 수 있다.

그런데 자료를 엄밀히 살펴보면 제품 A, B, C가 받은 최저점은 각각 60점, 65점, 60점이고, 최고점은 각각 75점, 80점, 80점이다. 특히 제품 C와 같은 경우에는 표본의 평균값은 가장 높으나 최저점도 제품 A와 더불어 가장 낮다. 이는 표본의 표준편차에서 드러난다. 표준편차는 A, B, C 각각 4.50, 5.02, 6.02로 제품 C가 가장 높다.

분산분석은 이와 같은 상황에서 세 가지 제품 집단 간에 정말로 차이가 있는 것인지 여부를 알 수 있게 해주는 도구가 될 수 있다. 평가를 위해 섭외한 평가자들은 전체 모집단에서 일부 표본인 것으로 전제하고, 전체

모집단의 평균에 유의한 차이가 없다는 것이 통상적인 분산분석의 가정이다. 가설이 다음과 같이 표현될 수 있다.

$$H_o: \mu_1 = \mu_2 = \mu_3$$
$$H_a: \text{모든 모집단의 평균이 같은 것은 아니다.}$$

귀무가설 H_0가 참이라면, 제품 A, B, C의 표본평균은 차이는 있을지 몰라도 비슷한 값을 얻을 것이다. 표본분포가 단 하나이기 때문이다. 이외에도 분산분석에서는 다음과 같은 가정이 있다. 모집단의 반응변수가 정규분포를 따른다는 것, 반응변수의 분산은 모든 모집단에서 동일하다는 것, 각 관측값들은 서로 독립적이어야 한다는 것 등이다. 여기서 반응변수란 분산분석에서 주로 분석 대상이 되는 요인을 이야기한다. 위 사례에서는 사용성의 주관적 만족 수준이 된다.

위 수치를 기반으로 한 제품 A, B, C에 대한 분산분석 결과로는 귀무가설 H_0를 기각하지 못한다. 표본의 평균값에서는 차이가 나타났지만 분산과 표준편차가 충분히 크기 때문에, 모집단의 평균이 차이가 나지 않을 것이라는 초기 가설이 그대로 성립된다. 즉, 제품 A, B, C의 주관적인 사용성 수준에는 차이가 나지 않는다는 것이다. 엄격한 분석을 위해서는 평가자 또한 또 다른 요인으로 상정하여 이원분산분석을 수행해야 하는데, 그 결과가 같을 뿐 아니라 통계적 분석에 대한 기본적인 개념 전달을 위해 간략하게 설명하였다.

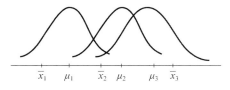

그림 4.6 **귀무가설 H_0가 거짓일 때 가능한 제품 A, B, C의 사용성 수준 분포**

벤치마크 평가 결과는 이처럼 통계 분석을 동원할 수도 있고 그렇지 않을 수도 있다. 통계분석에는 분산분석 이외에 다른 도구들을 활용할 수도 있고 분산분석에 그칠 수도 있다. 어떤 분석 방법을 사용하였든지 간에 해당 분석 도구의 장단점과 한계점, 전후 가정에 대해 명확하게 이해하고 있다면 결과를 일반화할 때 더욱 신뢰성 있게 할 수 있다.

4.3 약식 평가

4.3.1 기본 개념

약식 평가, 엉성하지만 빠른(quick and dirty) 사용성 평가 방법들이 1990 년대를 전후하여 등장하였다. 그 중에서 존 부룩의 시스템 사용성 척도(SUS, System Usability Scale)가 비교적 이른 시기에 소개되어 지금까지도 널리 사용되는 편이다. 그 이외에도 몇 가지 변형된 방법들, 독창적인 방법들이 제안됐는데, 이들 방법의 가장 큰 특징을 요약하면 특정 대상의 사용성 수준을 하나의 숫자로 대변한다는 것이다.

기본적으로 특정한 지표를 기준으로 대상을 평가한다는 측면에서 이 방법들의 신뢰도와 타당도에 대한 검증은 반드시 하고 넘어갈 필요가 있다. 대부분의 약식 평가 방법들은 평가 항목 자체가 그리 복잡하지 않고 단순한 편이기 때문에 다시 평가해도 비슷하게 나타나므로 신뢰도가 높은 편이라고 할 수 있다. 단, 어떤 대상의 사용성이라는 것이 앞의 주요 지표에서 언급한 것만 단순성, 접근성, 효율성, 정보제공성, 학습성, 사용자 지원 등 다양하게 있듯이 다각도로 살펴볼 필요가 있는데, 이를 평가의 효율성을 위해 적은 수의 문항으로 축약하였다는 점에서 타당도에는 문제가 있을 수 있다.

이와 같은 비판을 다르게 표현하면, 약식으로 평가한 사용성 수준이 특정한 제품이나 서비스의 사용성을 진정으로 대변할 수 있는가 하는 문제와 결부된다. 같은 맥락에서 점수가 높다고 해서 사용성이 높은 것인지, 점수가 낮다고 해서 사용성이 낮은 것인지에 대한 비판도 가능하다. 물론 여러 해 동안 축적된 연구들을 종합하여 분석해보면 사용성 약식 평가 점수와 실제 수행도와의 상관관계가 높은 것을 볼 수는 있지만 이러한 비판에서 완전히 자유로울 수 없는 것도 사실이다. 다른 개념보다도 사용성 개념이 제품, 서비스의 다양한 면을 포괄하기 때문에 이러한 경향이 높다고 볼 수 있다.

하지만 정량화가 가능하다는 사실 하나가 다른 단점에 상관없이 현장에서 약식 평가를 선호하게 만들었다. 커다란 노력을 들이지 않고 서로 다른 대안을 비교할 수 있도록 해주는 지표로 손색이 없을 뿐만 아니라, 정성적 분석과 곁들여 같이 사용하는 경우에는 단점도 보완되기 때문에 약식 평가가 널리 사용되는 편이다. 특히 전자의 경우에는 제품이나 서비스를 개발하고자 하는 주체가 빠르게 의사결정을 내리고자 할 때 도움이 될 수 있다.

4.3.2 시스템 사용성 척도

지난 수십 년 동안 가장 많이 활용됐던 대표적인 약식 평가 방법은 시스템 사용성 척도(SUS, System Usability Scale)이다. 여러 약식 평가 방법 중에서도 가장 단순한 편이며 빠르게 평가할 수 있다. 단순한 만큼 얻을 수 있는 효과는 적은 편이지만 그만큼 적은 노력으로 평가할 수 있기 때문에 얻는 장점도 있다. 또한 그 동안 널리 사용됐기 때문에 다른 평가 결과와 비교하기에도 용이한 편이다. 다음과 같은 10개의 문항으로 이루어져 있다.

1. 나는 이 시스템을 자주 사용하게 될 것 같다.
2. 이 시스템은 불필요하게 복잡하다.
3. 이 시스템은 사용하기가 쉽다.

4. 이 시스템을 사용할 수 있게 되기 위해서는 전문가의 도움이 필요하다.

5. 시스템 내 여러 기능이 잘 조화를 이루어 통합되어 있다.

6. 시스템 내 요소 간 일관성이 떨어진다.

7. 일반적인 사용자라면 이 시스템을 대체로 빠르게 익힐 수 있다.

8. 이 시스템의 사용은 번거롭고 귀찮은 일이다.

9. 이 시스템을 잘 사용할 수 있다고 믿는다.

10. 이 시스템에 익숙해지기 위해서는 많은 것을 배워야 한다.

기본적으로 이 문항들은 사용성에서 중요하다고 생각되는 지표를 바탕으로 구성되었다. 이중 학습성 관련 항목이 4번, 7번, 10번으로 가장 많고 일관성, 단순성 등이 혼합되어 있다. 조사자에 따라 중요하게 여기는 지표가 누락되어 있을 수도 있으니 이를 사전에 확인할 필요는 있다. 참고로 시스템 사용성 척도인 만큼 평가 대상이 일반적인 시스템으로 한정되어 있는데 전반적인 제품 및 서비스로 치환해도 큰 문제는 없다.

시스템 사용성 척도는 평가 체계가 정의되어 있다. 다른 조사 결과와 비교할 수도 있기 때문에 이러한 평가 체계를 따르는 것이 좋다. 우선 평가 대상을 놓고 위에 언급된 10개의 항목을 5점 척도로 평가한다. 이때 1점은 '전혀 동의하지 않음', 5점은 '매우 동의함'에 해당한다. 홀수 항목은 긍정적인 구문, 짝수 항목은 부정적인 구문으로 이루어진 것을 고려하여, 홀수 항목에서는 최종 점수에서 1을 빼고, 짝수 항목의 경우에는 5에서 최종 점수를 뺀 후 이를 모두 더한다. 이때 점수의 분포는 최소 0점에서 최대 40점인데,

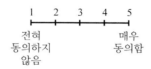

그림 4.7 시스템 사용성 평가를 위한 5점 척도

100점 만점 기준으로 맞추어주기 위해 2.5를 곱한다.

결과의 해석은 약식 평가의 기본 개념에서 설명한 바와 같이 단순한 사용성 수준 정도로만 해석한다. 단, 기존에 시스템 사용성 척도 조사 결과를 종합해본 결과로는 사용성 수준 평균이 약 68점인 것으로 알려져 있다. 이를 반영하여 약 70점이 넘으면 사용성 수준이 상위 50% 안에 포함된 것으로 볼 수 있다. 참고로 제프 사우로의 연구에 따르면 상위 10%, 30%, 50%에 대응하는 점수는 약 80.3점, 74점, 68점이다.

4.3.3 기타 약식 평가

시스템 사용성 척도 이외에도 다양한 약식 사용성 평가들이 존재한다. 다양한 제품 및 서비스의사용성 수준을 10여 개의 설문 문항으로 정확하게 파악하는 것이 애초에 불가능에 가깝기 때문에, 시스템 사용성 척도의 빈틈을 채우고 개선하려는 다양한 방법론들이 제시되곤 했다. 그 중에는 SUMI(Software Usability Measurement Inventory), QUIS(Questionnaire for User Interaction Satisfaction), PSSUQ(Post-Study System Usability Questionnaire), WAMMI(Website Analysis and Measurement Inventory) 등의 방법들이 있다.

각 방법들은 개별적으로 모두 장단점을 가지고 있다. 거시적으로 보면 특정한 방법이 조사하고자 하는 대상에 조금 더 특화되어 있을 경우에는 좀 더 정확한 평가가 이루어질 수 있으며, 그 반대의 경우에는 평가의 정확성이 떨어질 수 있다는 것이다. 이때 정확성은 평가에 사용하는 도구가 평가하고자 하는 대상을 얼마나 잘 평가하는지를 나타내는 타당도로 설명할 수 있을 것이다. 이러한 관점에서 가장 이상적인 평가는 평가 대상에 맞게 직접 지표와 설문 항목을 개발하여 평가를 수행하는 것이다. 하지만 이 경우에는 평가 방법 자체에 대한 검증이 별도로 필요하다는 부담이 있을 수 있다.

한편 평가 방법의 인지도도 적지 않은 영향을 미칠 수 있다. 단순히 평가 방법의 신뢰도와 타당도 문제가 아니라 인지도가 높은 경우 실제로 많이 이용되기 때문에 비교 대상이 많아진다는 점에서 장점이 있을 수 있다. 약식 평가 방법론 중에서는 시스템 사용성 척도가 인지도가 가장 높은 편이며, 이런 측면에서 다양한 비교를 할 수 있다는 장점을 가지고 있다. 반면 다른 방법 같은 경우에는 방법 자체가 효용성이 뛰어날지 몰라도 비교할만한 자료가 많지 않을 수 있다. 기타 약식 평가 중 일부를 소개하자면 다음과 같다.

SUMI(Software Usability Measurement Inventory)

시스템 사용성 척도가 단순하기 때문에 가지는 단점을 극복할 수 있는 평가 방법이다. 총 50개의 항목으로 이루어져 있으며, 선호도, 효율성, 사용자 지원, 통제성, 학습성 등 5개 측면에서의 질문으로 구성되어 있다. 평가 대상은 소프트웨어로 한정되며, 시스템 사용성 척도에 비해서는 평가 대상의 범위가 좁은 편이라고 할 수 있다. 설문 항목의 사례로는 다음과 같은 것들이 있다.

1. 이 소프트웨어는 입력에 대한 반응이 너무 느리다.
1. 소프트웨어 가이드라인 및 지원 도구가 도움이 된다.
1. 화면에 표시되는 정보가 명확하고 이해하기 쉽다.
1. 이 소프트웨어를 매일 사용할 것 같지는 않다.

질문 항목이 많기 때문에 인지적인 부담을 줄여주기 위해서 5점 척도를 사용하는 대신 3점 척도를 사용한다. 이에 따라 SUMI 설문 항목에 대해서는 '동의함', '잘 모르겠음', '동의하지 않음' 세 가지 중에 하나만 선택하면 된다. 이와 같은 점 때문에 설문지를 완성하는 데까지 걸리는 시간이 5분에서 10분 내외 밖에 걸리지 않는다.

SUMI는 아일랜드 코크대학에서 저작권을 가지고 있는데, 코크대학에서는 SUMI 설문 항목과 연계하여 사용성 컨설팅을 병행하고 있다. 이 컨설팅은 단순한 사용성 수준을 넘어서서 다양한 정성적인 해석까지 곁들이는 유료 서비스로 진행된다. 유료라는 면에서 다른 방법론에 비해 진입장벽이 다소 높은 편이라고 할 수 있다.

QUIS(Questionnaire for User Interaction Satisfaction)

다른 약식 평가 방법과 유사하게 1990년을 전후하여 만들어졌다. 메릴랜드대학교에서 탄생한 QUIS는 지속적인 개량을 거쳐 현재는 7.0버전에 이르고 있다. 주로 소프트웨어를 대상으로 하며 9가지 요소(화면, 용어 및 피드백, 학습 요인, 시스템 성능, 설명서, 온라인 튜토리얼, 멀티미디어, 인터넷 연결, 소프트웨어 설치 등)에 대해 평가하는 설문 항목들로 이루어져 있다.

지속적으로 개선되어온 역사를 살펴보면 1990년대 이후의 기술 요인 추세 변화에 대해서 조망할 수 있다. 초반에는 주로 설문 항목 자체의 신뢰도와 타당도를 높이고 개선하는 데에 역점을 두었으며, 이후에 시대 변화에 따라 인터넷, 미디어에 대한 가중치를 두기 시작했다. 9가지 주요 요소 중에서 설명서, 온라인 튜토리얼, 멀티미디어, 인터넷 연결, 소프트웨어 설치 등은 최근에 추가되었다. 다음과 같은 항목들이 포함되어 있다.

- 화면상의 메시지가 혼란스럽다.
- 명령을 내리거나 선택해야 하는 상황에 대한 가이드라인이 혼란스럽다.

QUIS의 경우에는 SUMI와 유사하게 특정 연구집단, 즉 메릴랜드대학교에서 저작권을 가지고 있으며 여기에서 라이선스도 관리하고 있다. 공신력이 있는 기관에서 평가 지표를 관리하고 이 사용을 기반으로 수익을 창출하는 것이 부당한 것은 아니나, SUMI와 마찬가지로 다른 방법론에 비해 진입장벽을 높이는 결과를 초래했다.

4.3.4 근본적인 한계

약식 평가의 가장 큰 한계점은 숫자 이상의 대안을 제시하지 못한다는 것이다. 약식 평가의 근본적인 특징이 사용성 수준을 정량적으로 보여주는 것이기 때문에 이는 장점이 될 수도 있지만 동시에 단점이 된다. 다양한 측면에서 해석할 수 있는 성질의 것을 숫자로 압축했으니 이를 다시 설명으로 환원하는 것은 불가능하다. 이로부터 약식 평가는 사용성을 진단하는 것이 아니라는 사실을 확인할 수 있다. 진단이라는 것은 문제점을 감별하고 극복할 수 있는 대안과 방안을 직간접적으로 제안하는 것인데 약식 평가는 어느 것이 문제인지조차 감별해내지 못하기 때문이다.

또한 설문 항목에 기반하는 많은 방법이 그렇듯이 범용성과 타당성 양쪽을 모두 취하기 어려운 구조이다. 가령 평가 항목을 특정 제품군이나 서비스군에 맞게 구체화시켰을 경우에는 평가의 타당성이 증가한다. 하지만 특정한 제품이나 서비스에 국한되므로 범용성이 낮다고 할 수 있다. 반대로 범용성을 강조하기 위해서 추상적인 항목을 이용하고 설문을 단순화시키면 타당성이 낮아질 수밖에 없다. 이런 측면에서 약식 평가를 활용할 때에는 평가 도구의 측정 범위와 한계에 대해 명확하게 인지할 필요가 있다.

4.4 휴리스틱 평가

4.4.1 기본 개념

사용성 문제는 사용자들이 제품이나 서비스를 사용하는 데 있어서 잠재적으로 발생 가능한 문제들을 일컬으며, 단순성, 접근성, 효율성, 정보제공성, 학습성, 사용자 지원과 같이 앞에서 언급한 사용성 각 지표의 수준을 저해하는 것들이 문제로 지목될 수 있다. 쓰여있는 글씨가 너무 작아서 보이지 않는다든지, 메뉴의 이름이 단숨에 이해하기 어렵다든지 하는 문제가 그 예가 될 수 있다.

위와 같은 문제의 사례로부터 사용성 문제와 관련된 몇 가지 특징을 유추할 수 있다. 첫째, 작고 사소해보인다는 것이다. 사용성 문제는 특정한 기능을 동작하게 만드는 핵심 알고리즘이나 하드웨어 모듈과는 거리가 있다. 이는 오랫동안 사용성 문제 발굴 및 해결에 대한 무관심을 불러오기도 했다. 작고 사소한 문제가 쌓여 사용자의 불만과 불편을 초래한다는 것을 주지할 필요가 있다. 둘째, 사용성 문제는 인터페이스 요소들 간의 복잡한 관계들로부터 비롯되는 것이기 때문에 예측하기 어렵다는 것이다. 오랫동안 사용을 해봐야 발견되는 문제들도 있으며, 세심하게 관찰하지 않으면 문제라고 느끼지 못할 정도로 사소한 것들도 있다.

작고 사소한 문제들이 복잡하게 발현되고 새롭게 개선된 대안에서도 마찬가지로 예측하지 못한 사용성 문제점이 나타날 수 있다는 점에서, 반복적인 설계(iterative design) 방식이 사용성 문제 해결에 가장 이상적인 형태 중 하나인 것으로 여겨진다. 제품이나 서비스를 개념적으로 설계한 후 이를 구체화한 것을 보고 문제점을 찾아 개선점을 제시하면 이를 반영한 재설계물을 도출할 수 있다. 이러한 과정을 여러 번 겪을수록 잠재적인 사용성 문제들이 줄어들고 제품이나 서비스에 대한 만족도가 향상된다.

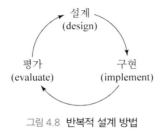

그림 4.8 **반복적 설계 방법**

휴리스틱 평가(heuristic evaluation)는 특정한 제품이나 서비스의 사용성 문제를 쉽고 빠르게 발굴하는 방법으로 쓰인다. 휴리스틱 평가는 주로 사용성 지표에 기반한 원칙들에 위배하는 것이 있는지를 찾는 방법으로 문제점을 발굴한다. 특히 사용성 수준이 어느 정도인지 진단하는 것에 그치는 것이 아니라 현실적인 문제점과 대안을 제시해주기 때문에 각광받고 있다. 전문가에 의해 사용되는 것이 권장되고 있기는 하지만, 기본적으로는 적당한 학습과 훈련을 통해서 누구나 평가에 참여할 수 있다.

4.4.2 주요 휴리스틱 원칙

휴리스틱 평가에 이용되는 원칙은 많은 연구자들에 의해 개발, 수정, 제안되어 왔다. 시대의 흐름에 따라, 그리고 대상이 되는 제품이나 서비스에 따라 변경될만한 여지가 있기 때문에 하나의 완벽한 원칙의 모음이 존재하기 어려우며, 앞으로도 다양하게 변화할 것이다. 현재로서는 가장 많이 참조되는 원칙들 중에 하나가 1990년대 후반에 제이콥 닐슨이 제안한 것으로, 이에 기반하여 대표적인 휴리스틱 원칙을 설명하면 다음과 같다.

• **현재 상태 표시**: 제품이나 서비스가 진행 중인 내용의 상태를 사용자가 가시적으로 확인할 수 있어야 한다. 이를 위해서 항상 또는 적절한 시간 안에 사용자에게 알림을 줄 수 있다. 즉 상태 확인의 주체가 사용자가 될 수도 있고, 시스템이 주체가 되어 사용자에게 통보를 할 수도 있다.

• **사용자 친화 언어 사용**: 제품의 특정 기능 작동, 혹은 서비스 제공 중에 시스템과 사용자가 소통할 일이 생기면 사용자 언어를 중심으로 이루어져야 한다. 필요시 시스템 고유의 알고리즘, 방법, 언어를 사용자 친화적으로 변경하여 전달해야 한다. 즉, 제품이나 서비스를 설계한 개발자의

언어가 아니라 일반 사용자의 언어, 구문, 단어, 용어를 사용해야 한다.

- **사용자 조작의 자유 확보**: 일반적으로 사용자는 쉽게 실수할 수 있고, 명령을 되돌리고 싶어할 수도 있다. 사용자가 마음껏 제품이나 서비스 내에서 자유롭게 조작해볼 수 있도록, 구체적으로는 특정 기능의 발현을 쉽게 취소할 수 있도록 시스템을 설계해야 한다.

- **일관적 설계**: 제품 및 서비스에서 사용하는 용어, 심볼, 그림, 형상 등에 최소한의 일관성이 있어야 한다. 같은 개념, 내용, 기능을 지칭하면서도 일관성이 결여되어 서로 다르게 표현된 요소는 사용자에게 혼란을 가중시킬 수 있다.

- **오류 예방 설계**: 사용자는 언제든지 실수를 할 수 있기 때문에 이로부터 오류가 발생할 수도 있다. 잘못된 시스템 설계로부터도 역시 발생할 수 있다. 이때 이해하기 쉽고 잘 정리된 피드백을 제공하는 것보다 선행되어야 할 것이 오류가 난만한 상황이 발생하지 않도록 제품 및 서비스를 설계하는 것이다. 하드웨어 내구성을 높이는 것만큼이나 중요하다.

- **기억 부담의 최소화**: 일반적으로 인간이 무엇을 기억하거나 그 기억을 끄집어내는 데에는 인지적인 부담이 있다. 사용자가 제품이나 서비스를 사용할 때 기억에 의존하는 정도를 최소화시킴으로써 인지 부담을 줄일 수 있다. 제품이나 서비스를 설계할 때에는 사용자가 기억하기보다 현재 상태에서 직관적으로 인지하여 결정할 수 있도록 유도하는 것이 좋다.

- **사용 빈도 높은 기능의 접근성 강화**: 제품이나 서비스 사용 시 빈도가

잦은 기능에 대한 접근성을 높여줌으로써 전반적인 작업의 효율성을 강화할 수 있다. 바로가기가 그 예가 될 수 있다. 이러한 수단은 초보자보다는 숙련자에게 더 큰 도움이 되지만, 결과적으로는 양쪽 모두에게 이득이 될 수 있다.

- **꼭 필요한 정보만 제공**: 단순한 것이 복잡한 것보다 더 큰 효율을 발휘할 때가 많다. 사용자에게 정보를 제공할 때 불필요하거나 중요하지 않은 내용까지 포함하면 전반적인 가독성이 떨어질 수 있고 이는 의사결정을 방해할 수도 있다. 가능하면 꼭 필요한 정보만을 다룸으로써 효율성을 높일 수 있다.

- **오류 시 적절한 피드백 제공**: 오류를 사전에 예방하는 것이 가장 좋은 방법이지만, 일단 발생하고 나면 이에 대해서 적절한 피드백을 통해 상태를 알려줄 필요가 있다. 가능하면 사용자가 쉽고 빠르게 이해할 수 있는 평이한 언어를 사용하고, 대안을 제시하도록 한다.

- **사용자 지원**: 제품이나 서비스와 관련된 사용 설명서를 사용자가 확인할 수 있도록 해야 한다. 사용 설명서가 필요 없을 정도로 직관적이고 사용하기 쉬운 시스템을 개발하는 것이 가장 이상적이지만, 유사 시에 사용자가 찾아볼 수 있도록 접근하기 쉬운 위치에서 적절한 자료를 제공하여야 한다.

4.4.3 수행 절차 및 방법

휴리스틱 평가는 기본적으로 반복적인 설계와 궤를 같이 한다. 제품이나 서비스 설계에 필연적으로 동반되는 사용자 비친화적인 지점을 발굴하고 개선하여 더 나은 제품을 만드는 과정으로서 중요한 역할을 담당한다. 가장 이상적인 휴리스틱 평가 체계는 현업에서 제품이나 서비스 개발 시 꼭 필요한 절차로 포함시키는 것이다. 이것은 휴리스틱 평가가 쉽고 빠르게 진행될 수 있기 때문에 가능한 것이기도 하다. 전형적인 휴리스틱 평가 절차는 다음과 같다.

1. **평가 대상 설계 및 구현**: 평가 진행을 위해서 당연하게 전제가 되어야 할 것이 평가 대상이 정해져 있다는 것이다. 평가 대상이 되는 제품 또는 서비스가 어떻게 설계되어 있고, 이러한 설계를 반영하여 얼마나 구체적으로 구현되어 있는가는 평가 결과에 영향을 미친다. 특히 구현이 구체적이면 구체적일수록 평가 결과의 신뢰도가 높게 나타나겠지만, 구현의 정도가 미약하다고 해서 평가를 진행하지 못하는 것은 아니다. 종이에 그림을 그린 형태로도 충분히 평가를 할 수는 있다. 이것은 평가의 주체가

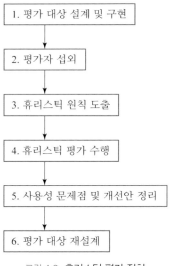

그림 4.9 **휴리스틱 평가 절차**

대상 구현에 투입 가능한 인적, 물적 역량을 고려하여 결정하도록 한다.

2. **평가자 섭외**: 휴리스틱 평가를 진행하는 주체는 전문가 집단이 적당한 것으로 알려져 있다. 여기에서 전문가란 사용성 평가의 경험이 많고, 특히 휴리스틱 원칙에 대한 이해가 풍부한 집단이며, 그 자신들이 사용자의 입장인 경우를 지칭한다. 하지만 휴리스틱 원칙, 사용성 개념을 이해하기 위해 특별한 배경을 가져야 하는 것이 아니기 때문에 누구나 적당한 노력을 하면 평가자 입장으로 손색이 없다. 통상적으로 5~10명 사이의 평가자가 휴리스틱 평가에 참여한다. 사용성 문제를 발굴하는 것이 주요 목적이기 때문에 평가 인원은 많을수록 좋지만, 일정 숫자 이상이 되면 차별적인 문제를 발굴하지 못할 수도 있다.

3. **휴리스틱 원칙 도출**: 휴리스틱 원칙으로는 제이콥 닐슨의 것과 같이 널리 알려져 있는 것부터 시작해 다양한 내용들이 알려져 있다. 사용자들의 취향과 기호, 제품군 및 서비스군의 변화에 따라 조금씩 변동이 있을 수 있으며 불변하는 원칙이란 없다. 평가 주체의 의사결정에 따라 평가 대상에 맞게 수정할 수 있으며 가능하면 여러 사람의 합의를 거쳐 도출하도록 한다. 이 과정에서 어떠한 사용성 지표 혹은 원칙이 중요한지에 대해 결정할 수도 있다.

4. **휴리스틱 평가 수행**: 실질적으로 사용성 문제점을 발굴하는 단계이다. 평가 대상이 되는 제품이나 서비스를 여러 요소로 잘게 나누어 각 요소별로 문제점을 발굴하는 것이 일반적이다. 예를 들어 특정한 애플리케이션을 대상으로 진행한다면, 해당 애플리케이션의 대표 화면들을 정하고 이를 대상으로 평가를 수행할 수 있다. 문제점을 발굴하는 과정에서는 다른 평가자의 의견을 비판하거나 비난하지 않고 가능하면 많은 문제점을 발굴

하는 데에 초점을 맞추도록 한다. 그리고 문제점 발굴과 더불어 간단한 개선 방안도 같이 도출하는 것이 좋다. 대개 사용성 지표나 원칙 그 자체에 답이 있는 경우가 많다.

5. **사용성 문제점 및 개선안 정리**: 사용성 문제점들은 투입하는 인적, 물적 역량에 비례하여 발굴되는 경향이 있다. 사용성 문제점 가운데에는 사소하게 보이는 것들도 많은데, 이러한 문제점들을 모두 해결하고 개선하기에는 시간상으로 한계가 있는 경우가 있다. 이때에는 사용성 문제점 및 개선안을 정리하는 절차가 필요하다. 이 과정에서 유사하거나 중복되는 문제점을 통폐합하고, 문제점 자체를 심각하고 중요한 순으로 정렬을 하며, 개선안에 대해서 다시 한번 구성원의 합의를 통해 정리한다.

6. **평가 대상 재설계**: 발굴된 사용성 문제점과 개선안을 어디까지 적용할 것인가는 투입 가능한 인적, 물적 자원을 고려하여 결정한다. 일단 이 범위가 결정되면 내용이 심각하고 시급하게 개선되어야 할 부분부터 시작하여 평가 대상을 개선한다. 평가 대상을 재설계하고 필요하면 평가를 위한 프로토타입을 만들어 휴리스틱 평가를 다시 진행해볼 수도 있다.

생각해볼 문제

- 사용성의 정의는 무엇인가?
- 익숙한 것과 사용하기 편리한 것에 어떠한 차이가 있는지 설명하시오.
- 사용성 평가 지표가 충돌하는 상황의 예시를 들어보시오(예: 단순성과 접근성).
- 벤치마크 평가와 일반 문화기술지 연구 방법 간에는 어떠한 차이가 있는가?
- 시스템 사용성 척도(SUS, System Usability Scale)를 적용하여 특정 시스템을 평가해보시오.
- 약식 평가의 한계점을 벤치마크 평가 방법과 연계하여 설명하시오.
- 휴리스틱 평가 기준을 나열해보시오.

4장 참고문헌

1. Anderson, D., Sweeney, D., Williams, T. *Essentials of Modern Business Statistics*, South-Western College Pub.

2. Brooke, J. (1996). SUS-A quick and dirty usability scale. *Usability evaluation in industry*, 189(194), 4-7.

3. Card, S. K., Newell, A., Moran, T. P. (1983). *Thepsychology of human-computer interaction*, L. Erlbaum AssociatesInc., Hillsdale, NJ.

4. Kirakowski, J. *WhatisSUMI?*

5. Miller, G. A. (1956). The magical number seven, plus or minus two: Some limits on our capacity for processing information. *Psychological review*, 63(2), 81.

6. Miller, G. A., Galanter, E., Pribram, K. H. (1960). Plans and the structure of behavior.

7. Nielsen, J. (1995). 10 usability heuristics for user interface design. *Fremont: Nielsen Norman Group. [Consult. 20 maio 2014]. Disponível na Internet.*

8. Nielsen, J. (2003). Usability 101: Introduction to usability, *Nielsen Norman Group.*

9. Nielsen, J. (2012). User satisfaction vs. Performance metrics. *Nielsen Norman Group.*

10. Park, J., Han, S. H., Kim, H. K., Cho, Y., Park, W. (2013). Developing elements of user experience for mobile phones and services: survey, interview, and observation approaches. *Human Factors and Ergonomics in Manufacturing & Service Industries*, 23(4), 279-293.

11. Park, J., Han, S.H., Kim, H.K., Oh, S., Moon, H. (2013). Modeling user experience: a case study on a mobile device, *International Journal of Industrial Ergonomics*, 43(2), 187-196.

12. Sauro, J. (2011). *Measuring usability with the system usability scale(SUS).*

05

작업부하
평가 방법

5.1 개요와 특성

5.1.1 기본 개념

　문화기술지와 설문, 인터뷰 등의 조사 방법이 주로 사용자와 사용자의 경험을 평가하려고 한다면, 사용성 평가 방법은 제품 및 서비스에 초점을 맞추고 있다. 사용자가 제품 및 서비스를 사용하면서, 즉 사용자가 제품 및 서비스와 상호작용하는 과정에서 나타나는 효과에 대해 평가하고 분석하는 방법들이 다양한 분야에서 활용되고 있다. 이중 일부가 바로 작업부하를 평가하는 방법들인데 이번 장에서 소개하고자 한다. 이중 상당수가 설문의 형식을 따르고 있으며 앞에서 일반적인 설문 조사에 대해 설명하며 다루지 못했던 특수한 내용 위주로 다루고자 한다.

　작업은 사용자와 대상 사이의 상호작용 거리를 만들어주는 매개 역할을 한다. 그 대상이 어떤 것이냐, 목적 및 기능이 어떤 것이냐에 따라 작업의 범위도 다양해질 수 있다. 우리가 의지를 가지고 하는 모든 일은 작업의 일부분으로 혹은 작업의 단위로 표현할 수 있으며 그만큼 작업의 범위가 다양하다. 작업은 크게 인지적인 부분과 신체적인 부분 두 가지로 나눌 수 있다. 신체적인 부분도 작업에 의해서 심생리학적으로 영향을 받아 나타나는 부분, 물리적으로 직접 움직여야 하는 부분 등으로 나눌 수 있다. 그런가 하면 작업의 수단이 되는 대상, 도구, 제품, 서비스에 따라 분류할 수도 있고, 혹은 그 작업이 이루어지는 분야에 따라서도 분류할 수 있다.

　작업부하는 작업을 하기 때문에 직간접적으로 나타나는 인지적, 신체적인 부하 현상을 모두 총칭한다. 신체적인 부하는 심생리학적인 효과를 동반할 수 있다. 비록 정해져 있는 시간 내에 할 수 있는 작업의 양이 한정되어 있지만, 인간이 가지고 있는 역량을 소모하는 것이고 때에 따라서는 장기적으로 인체에 직간접적으로 안 좋은 영향을 미칠 수 있기 때문에 정확하게 평가, 측정하는 것이 중요하다. 즉 작업부하를 정확하게 평가, 측정하는 것은 그 자체로 중요한 의의를 가진다.

작업부하를 측정하거나 평가하려고 하는 시도는 다양한 분야에서 이루어져 왔다. 일반적인 신체부하를 측정하는 것부터 시작하여 특정한 분야 안에서 이루어지는 작업을 평가하는 것까지 다양한 편이다. 특히 실제로 적용되는 현상적인 행태를 고려하면 특정한 분야 안에서 이루어지는 평가 방법이 더 중요하다고 할 수 있다. 이를테면 이번 장에서 소개하는 NASA 작업부하 평가의 경우 주로 비행사를 중심으로 적용되어 오다가 확대 적용된 사례이며, 시뮬레이터 멀미 평가 방식도 마찬가지로 시뮬레이터 분야에서 주로 적용되면서 평가 방법으로서 대중적인 권위를 얻게 되었다. 본 장에서는 이 두 가지 방식을 중심으로 설명하고자 한다.

5.1.2 작업부하의 근골격계질환

근골격계질환은 우리가 흔히 '골병'이라고 부르는 증상과 유사한 질환을 일컫는다. 무리한 근력 사용, 반복적인 동작, 잘못된 자세, 진동 등과 같은 요인이 단기간 또는 장기간 동안 어우러져 근육, 신경, 힘줄, 인대, 관절 등 신체 조직에 문제가 생기는 것을 말한다. 즉, 신체적 작업의 부하가 신체적 질환으로 발현되는 것이다.

근골격계질환이 중요하게 다루어져야 하는 당위적 이유는 요인들이 주로 장기간에 걸쳐 영향을 주며, 증상 또한 처음에는 미약하게 나타나서, 겉으로 보기에는 큰 문제가 아닌 것처럼 보이기 때문이다. 하지만 요인과 증상 모두 사소하게 다루어져 최종적으로는 육체적, 정신적으로 심대한 영향을 줄 수 있다. 따라서 각종 요인을 초기에 또는 사전에 차단을 해야 하며 증상 또한 초기에 포착하는 것이 중요하다. 근골격계질환은 주로 사업장 노동 환경 속에서 발현하기 때문에 제품, 서비스로부터 비롯되는 사용자 경험과의 연관성이 높지는 않다. 하지만 그 중요성을 고려하여 주요 평가 방법에 대해 간단히 소개하고자 한다.

근골격계질환과 관련하여 현재 작업이 우리 몸에 미치는 영향을 가능한 객관적으로 평가하기 위한 방법에는 여러 가지가 있으며 실제로도 활용되고 있다. 먼저 미 국립작업안전건강연구소(NIOSH, National Institute for Occupational Safety and Health)에서 제안한 들기 작업 공식이 있다. 1981년에 첫 번째 지침을 발표하였으며 1991년에 개정된 지침을 발표한 바 있다. 기본적으로 중량물 들기 작업을 할 때 요추에 미치는 힘이 어느 정도인지 파악하여 작업을 평가하는 것이다. 이때 물건의 하중, 수평거리, 수직거리, 수직이동거리, 비틀림, 지속시간, 손잡이 등을 고려한다.

RULA(Rapid Upper Limb Assessment)는 1993년에 영국 노팅햄대학에서 개발된 방법으로 주로 상지 작업과 관련하여 근골격계질환을 유발할만한 요인이 있는지 확인할 수 있게 해주는 것이다. 현대 작업장의 가장 큰 특징은

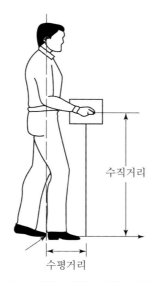

수직거리

수평거리

그림 5.1 **물건의 수평거리 및 수직거리**

분업으로 작업자들은 대개 특정한 동작을 반복하기 마련이다. 반복되는 자세의 특이점을 관찰자의 시각으로 확인함으로써 작업부하가 일정 수준 이상인지를 판별하는 것이다.

위팔과 아래팔, 손목, 손목의 비틀림, 목, 몸통, 다리 자세가 어느 정도로 안정적인지를 각각 정량화한 후 이를 내부적으로 정해진 체계에 따라 합산하여 최종적인 유해 수준 정도를 도출한다. 예를 들어 위팔의 경우 어깨관절을 사용하여 팔을 어느 정도로 들어올리는지를 파악한다. 작업자 오른쪽 또는 왼쪽 측면에서 관찰했을 때 위팔과 몸통 사이의 각도가 - 20도에서 20도이면 1점, - 20도보다 크거나 20도에서 45도 사이인 경우 2점, 45도에서 90도 사이인 경우 3점, 90도 이상인 경우 4점을 준다. 그리고 어깨가 별도로 들려있거나, 위팔이 몸에서 바깥방향으로 떨어져 있으면 1점을 더하며, 팔을 기댈 수 있거나 지탱하는 보조도구가 있으면 1점을 뺀다. 이와 같은 방식으로 각 신체 부위의 점수를 계산하여 최종 유해 수준을 측정한다.

REBA(Rapid Entire Body Assessment)도 RULA와 마찬가지로 영국 노팅햄대학에서 개발된 것이며 RULA가 정적인 작업에 특화된 것을 보완하기 위하여 만들어졌다. 몸통, 목, 다리, 위팔, 아래팔, 손목 등 신체 부위에 대해 개별적으로 위험 수준을 파악하여 정량화한 후 이를 합산하여 최종 위험 수준을 도출한다. 이 과정에서 중량물의 무게와 손잡이 상태를 고려한다. 예를 들어 다리의 경우, 두 다리가 균형이 잡혀 있으면 1점, 불균형 상태에 있으면 2점이다. 이때 무릎이 30~60도 정도 구부러져 있으면 1점을 추가하고 60도 이상 구부러져 있으면 2점을 추가한다. 이외에도 OWAS(Ovako Working-posture Analysis System), SI(Strain Index) 등 다양한 평가체계가 존재하며 실제로도 활용되고 있다.

RULA와 REBA가 영국 대학에서 만들어진 것은 영국에서 산업혁명이 본격적으로 시작되었다는 것을 고려했을 때 상징적인 부분이 있다. 근골격계질환이 중요하게 다루어지고 있는 것은 세계적인 추세이며 각국에서 이를

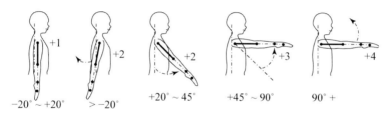

그림 5.2 RULA 위팔 위치 평가 기준

예방하기 위한 법제화가 진행 중이다. 우리나라에서도 고용노동부 고시에 의하여 근골격계 부담 작업에 대해 다음과 같이 정의하고 있다.

1. 하루에 4시간 이상 집중적으로 자료 입력 등을 위해 키보드 또는 마우스를 조작하는 작업
2. 하루에 총 2시간 이상 목, 어깨, 팔꿈치, 손목 또는 손을 사용하여 같은 동작을 반복하는 작업
3. 하루에 총 2시간 이상 머리 위에 손이 있거나, 팔꿈치가 어깨 위에 있거나, 팔꿈치를 몸통으로부터 들거나, 팔꿈치를 몸통 뒤쪽에 위치하도록 하는 상태에서 이루어지는 작업
4. 지지되지 않은 상태이거나 임의로 자세를 바꿀 수 없는 조건에서, 하루에 총 2시간 이상 목이나 허리를 구부리거나 트는 상태에서 이루어지는 작업
5. 하루에 총 2시간 이상 쪼그리고 앉거나 무릎을 굽힌 자세에서 이루어지는 작업
6. 하루에 총 2시간 이상 지지되지 않은 상태에서 1 kg 이상의 물건을 한 손의 손가락으로 집어 옮기거나, 2 kg 이상에 상응하는 힘을 가하여 한 손의 손가락으로 물건을 쥐는 작업
7. 하루에 총 2시간 이상 지지되지 않은 상태에서 4.5 kg 이상의 물건을 한 손으로 들거나 동일한 힘으로 쥐는 작업

8. 하루에 10회 이상 25 kg 이상의 물체를 드는 작업
9. 하루에 25회 이상 10 kg 이상의 물체를 무릎 아래에서 들거나, 어깨 위에서 들거나, 팔을 뻗은 상태에서 드는 작업
10. 하루에 총 2시간 이상, 분당 2회 이상 4.5 kg 이상의 물체를 드는 작업
11. 하루에 총 2시간 이상 시간당 10회 이상 손 또는 무릎을 사용하여 반복적으로 충격을 가하는 작업

5.1.3 심생리학적 계측

심생리학은 작업부하, 심지어 사용자 경험과도 다른 차원에서 문제를 제기하고 해결하는 방법론이다. 어쩌면 사용자 경험 분야와 관련된 조사자들보다도 더 많은 수의 연구자 및 조사자들에 의해 광범위하게 연구가 이루어져 오고 오래 전부터 현재까지 많은 발전이 있었던 분야이다. 하지만 작업부하를 측정하는 데 있어서, 그리고 때로는 사용성을 평가하는 데 있어서도 종종 심생리학적 계측 도구가 동원되기도 하므로 이에 대해 간단히 소개하고자 한다.

심생리학은 심리적인 기반 위에서 생리적으로 연관되어 나타나는 변화, 현상들에 대해 다룬다. 실제 심생리학적으로 나타나는 변화에 대해서 기록하고 측정하기 위해서는 몇 가지 주요한 방법이 있는데 조사 대상자가 직접 주관적으로 평가하는 것이 있으며, 다양한 전기적 장비를 이용하여 신체 변화를 직접 측정하는 것이 있다. 후자와 관련된 측정 방식이 다양한 분야에서 널리 이용되어오고 있으며 앞으로 발전할 여지도 높다. 다음과 같은 생체신호 및 장비들이 사용된다.

- **뇌전도(EEG, electroencephalography)**: 두뇌 안 신경 세포의 전기적 활동을 측정한다. 주로 두피에 가까운 대뇌피질에서 일어나는 신호를 얻

는다. 보통 32개, 64개, 128개의 전극을 균등한 간격으로 배열하여 측정한다.

• 기능적 자기공명영상(fMRI, functional magnetic resonance imaging): 신경 세포의 활동을 직접 추적하는 대신 이 때문에 발생되는 세포의 산소 소모를 자기적으로 측정한다. 공간 해상도가 높아 뇌의 어느 부분이 활성화되었는지 파악하는 데 용이하다. 장비의 규모가 크고 가격도 비싼 편이다.

• 피부전도반응(GSR, Galvanic Skin Response): 정서적인 각성을 확인하는 지표로 사용된다. 교감신경이 활성화되면 피부 표면의 땀샘이 활성화되는데 이 때문에 국지적인 전도성이 증가한다. 피부전도반응은 이 전도성을 계측한 것이다.

• 심박수(HR, heart rate)/심전도(ECG, electrocardiograph)/용적맥파(PPG, photoplethysmogram): 심박수는 심장 박동수를 뜻한다. 일반적으로 1분 동안 심장 박동수를 의미하며, 맥박수와 같다. 일반적으로 평상시에는 약 50~70이며, 심한 운동 직후에는 200으로 상승하기도 한다. 심박수는 중요한 신체 지표이기 때문에, 심장 부위의 전기적 변화를 측정하는 심전도, 말초혈관에서의 혈류량을 광학적으로 판별하는 용적맥파 등의 보조 지표를 이용하여 간접적으로 도출하는 방법이 발달했다.

• 근전도(EMG, electromyogram): 근육이 수축하거나 이완할 때 나타나는 전기적 활동을 피부 표면에 부착한 전극으로부터 포착하는 방식이다. 전극을 부착한 근육의 신호를 확인할 수 있으며 전극의 배열과 사이 간격에 따라 값이 다르게 나타날 수 있다.

이외에 생리적인 반응은 아니지만, 눈의 움직임을 파악하는 아이트래킹 (eye tracking)도 각종 조사에 적극적으로 활용된다. 또한 앞서 언급한 바와 같이 신체활동을 계측하는 방법과 장비는 나날이 발전하고 있으며 작업부하 평가가 아니더라도 다양한 분야에서 광범위하게 사용되고 있다.

5.1.4 사용자 경험 분석에 응용

작업은 사용자가 제품 및 서비스를 이용하며 할 수 있는 작업부터 시작하여 노동자로서 일을 하기 위해 벌이는 작업까지 광범위하게 일어난다. 우리가 스마트폰에서 특정한 애플리케이션을 실행시키기 위해 스마트폰 화면을 옆으로 밀거나 아이콘을 누르는 것은 모두 작업으로 칭할 수 있다. 뿐만 아니라 스마트폰 제조 공장에서 액정에 결함이 있는지 없는지 육안으로 확인하는 것도 작업의 일부분이다. 이처럼 작업의 범위는 매우 다양하다.

사용자 경험 분석에 응용될만한 작업부하 평가 방법은 지금껏 제안된 것들 중에서 일부분에 해당된다고 볼 수 있다. 사용자 경험은 주로 제품 및 서비스와 연관되는 경험을 일컬으며 인간이 접할 수 있는 경험의 작은 부분 집합에 해당하기 때문이다. 즉, 사용자 경험과 연관된 작업은 우리가 알고 있는 작업에서 극히 일부분이다.

예컨대 근골격계질환 유해요인 조사 방법은 사용자 경험 분석에 이용될 여지가 있다. 키보드와 마우스 등의 잘못된 사용으로 손목터널증후군에 이를 수 있다. 잘못된 자세로 스마트폰을 장기간 사용하는 경우 경추에 압력을 가하여 텍스트넥 증후군을 가져올 수 있다. 근골격계 관련 작업부하 평가 방법으로 활발하게 사용되고 있는 RULA, REBA 방법론은 주로 노동환경 조사에 초점이 맞추어져 있다. 따라서 현재로서는 사용자 경험 분석에 적극적으로 활용되기 어렵다. 대신 사용자 경험 분석에 용이하게 활용될 수 있는 대중적인 방법론이 조만간 개발될 것으로 기대된다.

한편 일반적인 사용자와 거리가 먼 작업의 부하를 분석하는 평가 방법은 사용자 경험 분석에 활용될 수 있는 여지가 거의 없다. 예컨대 NASA 작업부하 평가와 유사한 환경과 목적에서 개발된 대부분의 항공기 조종사 역량 평가 방법은 사용자 경험과 관련이 없다. 사용자 경험의 정의에 따라 다르게 해석될 수 있겠지만, 전문적인 조종사가 항공기를 운행할 수 있을지 여부를 결정하는 설문지는 일반적인 사용자 경험과 관련성이 적다고 볼 수 있다.

본 장에서는 대표적인 작업부하 평가 방법인 NASA 작업부하 평가 방법과 시뮬레이터 멀미 평가 방법을 다루고자 한다. 작업부하 평가 방법은 내용은 유사하지만 서로 다른 분야에서 각기 다른 방식으로 발전해왔다. 그 중에서 대중적으로 많이 활용되고 어느 정도 권위와 신뢰가 쌓여있으며, 기반으로 하고 있는 분야 이외에 다른 분야에도 응용될 여지가 많은 두 가지 방법을 상세히 소개하고자 한다.

5.2 NASA 작업부하 평가

5.2.1 기본 개념

NASA(National Aeronautics and Space Administration)의 아메스 연구센터의 인간공학 연구그룹에서 개발한 작업부하 평가 방법이다. 여기에서 사용되는 작업부하 척도(Task Load Index)를 줄여서 TLX라고 부르기도 한다. 이는 거의 고유명사화되었으며 본 장에서도 이하 NASA-TLX로 통칭하도록 한다. 다양한 상황에서의 작업, 시스템과 관련하여 개인 혹은 조직에 걸리는 부하가 어느 정도인지 정량적으로 평가하는 방법이다. 비행이나 의료보건 이외에도 다양한 분야에 파급되어 여러 연구 조직이나 기관을 중심으로 사용되었고, 척도가 발명되었던 미국뿐만 아니라 전 세계적으로 많이 사용되었다.

NASA-TLX가 사용된 사례들을 조사한 연구에 따르면 우주, 비행과 관련

없는 다양한 작업 평가에서 이 방법을 활용한 것을 알 수 있다. 비행기 조종 (전체 사례의 14%)과 자동차 운전(9%)과 같은 교통수단 조종 작업뿐만 아니라, 자료 입력 작업(10%), 조직 생활 내 협업(6%), 시청각 모니터링 작업 (3%), 의사결정(3%), 의사소통(2%) 등 광범위한 작업을 대상으로 이루어졌다. 조사가 이루어진 분야도 우주항공과 군사 부문 이외에도 통신, 자동차, 의료, IT 등 다양한 기업 현장 또는 그 사용자를 대상으로 하고 있다.

이러한 활용 양상을 보면 비슷한 목적으로 개발된 쿠퍼-하퍼 평가 (Cooper-Harper rating scale)와는 다르다. 2차 세계대전 이후에 각기 다르게 정리되고 사용되고 있던 조종사의 비행능력 평가 방법을 표준화하는 과정에서 탄생한 것이 바로 조지 쿠퍼의 쿠퍼-하퍼 평가 방법이다. 이후에도 변형된 방법이 등장하기는 했지만 줄곧 조종사 비행능력 평가에 안정적으로 활용되어 왔다. 쿠퍼-하퍼 평가 방법의 가장 큰 단점은 평가 척도가 단 하나의 차원에서만 이루어진다는 점인데, 이에 반해 NASA-TLX는 정신적 요구, 신체적 요구, 시간적 요구, 노력, 수행도, 좌절 등 다차원 지표를 포함하고 있다. NASA-TLX의 경우 바로 이 점 때문에 비행뿐 아니라 다른 분야에서 적극적으로 활용될 수 있게 된 것이다.

5.2.2 평가 지표

NASA-TLX는 정신적 요구, 신체적 요구, 시간적 요구, 노력, 수행도, 좌절 등 총 여섯 가지의 평가 지표를 하위 항목으로 포함하고 있다. 여섯 가지의 평가 지표는 각각 주관적으로 평가가 진행된다. 평가 시에는 5점마다 눈금이 하나씩 있는 100점 척도를 활용하며, 점수가 높을수록 부정적인 측면이 강해진다. 각 지표의 상세한 내용은 다음과 같다.

• **정신적 요구**: 작업을 수행하는 와중에 정신적, 인지적 부담이 어느 정도

수준인지 평가한다. 작업이 얼마나 간단한지 복잡한지와 같은 요소에 의해 결정된다. 주로 사고, 결정, 계산, 기억, 찾기, 조사 같은 일과 결부된다. 작업의 정신적인 요구 수준이 높으면 점수를 높게, 낮으면 점수를 낮게 평가한다.

- **신체적 요구**: 신체적인 활동이 어느 정도로 필요한지에 따라 작업부하수준을 평가한다. 일의 속도가 빠른지, 강도가 약한지, 편안한지 등의 요소에 의해 결정된다. 주로 밀기, 당기기, 방향 바꾸기, 통제하기, 실행시키기 등과 같은 작업과 관련이 있다. 신체적인 요구 수준이 높으면 점수를 높게, 낮으면 점수를 낮게 평가한다.

- **시간적 요구**: 시간적인 압박이 느껴지는 정도를 평가한다. 일이나 그 요소가 얼마나 빈번하기 이루어지는지 혹은 얼마나 빨리 이루어져야 하는지에 따라 달라진다. 이로 인한 시간적인 압박 수준이 높으면 점수를 높게, 낮으면 점수를 낮게 평가한다.

- **노력**: 작업을 성공적으로 달성하기 위해 또는 일정 정도 성취하기 위해 투자되어야 하는 노력의 수준을 평가한다. 이때 정신적, 신체적인 노력을 모두 고려한다. 노력이 많이 들면 점수를 높게, 낮게 들면 점수를 낮게 평가한다.

- **수행도**: 다른 사람에 의해 설정되었거나 혹은 자기 자신에 의해 설정된 작업의 목표를 수행하는 와중에, 그 결과가 얼마나 성공적이었는지를 평가한다. 그리고 이 수행에 대해 주관적으로 얼마나 만족하는지도 고려하여 평가한다. 전반적인 수행도가 나쁘면 점수를 높게, 좋으면 점수를 낮게 평가한다.

- **좌절**: 작업을 수행하는 와중에 얼마나 불안정해지고, 좌절을 경험하며, 짜증이 나고, 스트레스를 받고, 화가 나는지에 대해 종합적으로 평가한다. 이러한 부정적인 감정들의 수준이 높으면 점수를 높게, 낮으면 점수를 낮게 평가한다.

5.2.3 평가 결과의 종합

NASA-TLX 평가에서는 각 지표의 결과가 각각 별도의 의미를 지닌다. 하지만 이를 종합하여 하나의 지표로 정리하고자 하는 노력도 역시 있었다. 여기에는 제품이나 서비스의 사용성 평가에서와 마찬가지로 장단점이 있다. 여섯 개의 지표를 하나로 종합하여 결과를 제시하면, 결과를 직관적으로 알기 쉽게 정리한다는 장점이 있지만, 대신 그 와중에 정보가 손실된다는 단점이 있다. 조사자에 따라 이와 같은 단점을 극복하기 위해 종합된 수치를 사용하지 않을 뿐만 아니라, 여섯 가지 지표 중에서도 필요 없는 지표를 제외한 일부만을 이용하기도 한다. 만약 평가 결과를 하나의 숫자로 종합하려는 시도를 하는 경우에는 이와 같은 단점을 정확하게 숙지하여야 한다.

여섯 개의 지표를 하나의 숫자로 통합하는 과정에서는 주로 가중치 합을 사용한다. NASA-TLX 지표 간 가중치를 구하는 가장 간단한 방법은 여러 개의 지표 쌍을 비교하는 것이다. 지표가 여섯 개이기 때문에 두 개씩 쌍을 만들면 아래와 같이 총 15개의 쌍이 도출된다.

신체적 요구 - 정신적 요구	시간적 요구 - 신체적 요구	수행도 - 시간적 요구
시간적 요구 - 정신적 요구	노력 - 신체적 요구	좌절 - 시간적 요구
노력 - 정신적 요구	수행도 - 신체적 요구	수행도 - 노력
수행도 - 정신적 요구	좌절 - 신체적 요구	좌절 - 노력
좌절 - 정신적 요구	노력 - 시간적 요구	좌절 - 수행도

작업 유형에 따라 가중치가 달라질 수 있기 때문에, 기존에 유력하게 사용되어 오던 가중치 정보가 없다면 새로 가중치 도출 작업을 수행해야 한다. 특정한 작업 유형에서 지표 쌍 내에 비교되는 두 개의 지표 중 더 중요하다고 판단되는 것을 가령 아래와 같이 표시할 수 있다.

신체적 요구 - 정신적 요구   시간적 요구 - 신체적 요구   수행도 - 시간적 요구

시간적 요구 - 정신적 요구   노력 - 신체적 요구   좌절 - 시간적 요구

노력 - 정신적 요구   수행도 - 신체적 요구   수행도 - 노력

수행도 - 정신적 요구   좌절 - 신체적 요구   좌절 - 노력

좌절 - 정신적 요구   노력 - 시간적 요구   좌절 - 수행도

이때 지표 쌍 중에서 선택된 빈도를 종합하면 아래와 같다. 지표 쌍은 총 15이기 때문에 이 빈도수의 합은 항상 15가 된다.

$$
\begin{array}{rl}
\text{정신적 요구} = & 3 \\
\text{신체적 요구} = & 0 \\
\text{시간적 요구} = & 5 \\
\text{노력} = & 3 \\
\text{수행도} = & 1 \\
\text{좌절} = & 3 \\
\hline
\text{종합} = & 15
\end{array}
$$

여기에서 도출된 가중치를 이용하여 여섯 가지 지표 측정 결과를 가중치 합산을 한다. 이때 최댓값을 100으로 맞추어주기 위해 가중치 합 이후에 15로 다시 나누어준다. 이러한 방식으로 작업부하를 하나의 숫자로 정량화

할 수 있다. 참고로 가중치를 구할 때 집단지성의 힘을 적절히 이용하기 위해 계층분석법(AHP, Analytic Hierarchy Process) 방식을 이용하기도 한다.

5.3 시뮬레이터 멀미 평가

5.3.1 기본 개념

멀미는 신체의 움직임과 신체 바깥으로부터 수집한 정보, 주로 시각 정보 사이의 불균형이 있을 때 일어난다. 우리 몸이 움직일 때, 내이(內耳)의 반고리 관을 통해 몸의 움직임을, 특히 회전운동을 감지할 수 있다. 이렇게 감지된 정보는 시각 정보와 병합되어 우리 앞에 놓인 현실을 인식하는 데 이용된다. 이때 두 가지 정보, 즉 몸의 평형 정보와 시각 정보 사이에 불균형이 있으면 멀미 증상이 나타난다. 구체적으로 멀미는 다음과 같은 원인에 의해 나타난다.

- 움직임이 감지되었지만 시각적으로 확인되지 않은 경우
- 시각적으로 확인되었지만 움직임이 감지되지 않은 경우
- 움직임을 감지하고 시각 정보를 확인했지만 두 정보가 어긋나는 경우

위와 같은 원인에 따라 나타나는 멀미의 유형은 다양하다. 비행기 멀미, 배 멀미, 자동차 멀미, 기타 몸의 회전에 의한 멀미는 모두 첫째 원인, 즉 움직임이 감지되었지만 시각적으로 확인이 잘 되지 않기 때문에 나타난다. 영화, 게임 등의 시청각물, 가상현실로부터 비롯되는 멀미는 시각적으로 확인이 되었지만 움직임이 감지되지 않기 때문에 나타난다. 마지막 형태는 중력이 다르거나 교통수단 등에서 나타나고는 한다.

시뮬레이터 멀미는 위의 분류에 의하면 둘째 원인, 즉 시각적으로 확인은

되었지만 움직임이 감지되지 않기 때문에 나타난다. 참고로 그 이외의 원인으로 자세 불안정이 지목되기도 한다. 오늘날에는 움직임 미 감지와 자세 불안정 등 두 가지 요인이 모두 작용하는 것으로 여겨지며 시뮬레이터 멀미를 줄이기 위해 두 가지 요인을 완화시키는 방법을 사용하고 있다.

애초에 시뮬레이터는 20세기 후반 비행기나 배 등의 교통수단 조종 방법을 배우기 위한 교육용 장비를 지칭하였다. 요즈음에는 3D 콘텐츠를 포함하여 다양한 시청각물을 다양한 형태의 매체로 확인하는 경우를 광범위하게 포함한다. 멀미의 원인이 신체의 움직임이 별로 없고 부자연스러운 상황에서 눈으로 정보를 확인하는 데 있다는 점에서 같기 때문에, 같은 평가 방식으로 평가할 수 있는 것이다.

시뮬레이터 멀미의 평가 방식은 1990년대 중후반 로버트 케네디가 정리한 것이 주로 이용된다. SSQ(Simulator Sickness Questionnaire)라고 불리기도 한다. 메스꺼움, 안구운동불편, 방향감각상실 등과 관련된 세부 평가 항목을 자가 평가하는 것으로, 비행기 조종 시뮬레이터 조종사들의 멀미를 평가하기 위해 개발된 것이 현재에는 다양한 시뮬레이터와 시청각물을 대상으로 광범위하게 활용되고 있다. 특히 가상현실 헤드셋과 같은 상용 제품이 등장하면서 케네디의 시뮬레이터 멀미 평가 방법이 다시금 주목받기 시작하였다.

5.3.2 평가 방법

시뮬레이터 멀미는 멀미의 일종으로서 멀미를 평가하는 방법을 이용하면 시뮬레이터 멀미도 평가할 수 있다. 로버트 케네디는 일반적으로 멀미 평가 방식으로 사용되던 설문 항목을 간소화하여 시뮬레이터 멀미 평가에 활용하는 방법을 제안하였다.

멀미 평가 설문에는 일반적인 불편, 피로, 지루함, 졸림, 두통, 눈의 피로, 눈의 초점을 맞추기가 어려움, 침 분비의 증가, 침 분비의 감소, 발한(땀남),

표 5.1 시뮬레이터 멀미 평가 지표

1. 일반적인 불편	없음	약간	보통	심각함
2. 피로	없음	약간	보통	심각함
3. 두통	없음	약간	보통	심각함
4. 눈의 피로	없음	약간	보통	심각함
5. 눈의 초점을 맞추기가 어려움	없음	약간	보통	심각함
6. 침 분비의 증가	없음	약간	보통	심각함
7. 발한(땀남)	없음	약간	보통	심각함
8. 메스꺼움	없음	약간	보통	심각함
9. 집중하기에 곤란	없음	약간	보통	심각함
10. 머리가 꽉 찬 느낌	없음	약간	보통	심각함
11. 뿌연 시야	없음	약간	보통	심각함
12. 눈을 떴을 때 현기증	없음	약간	보통	심각함
13. 눈 감았을 때 현기증	없음	약간	보통	심각함
14. 빙빙 도는 느낌의 어지러움	없음	약간	보통	심각함
15. 위에 대한 부담감	없음	약간	보통	심각함
16. 트림	없음	약간	보통	심각함

메스꺼움, 집중하기에 곤란, 우울, 머리가 꽉 찬 느낌, 뿌연 시야, 눈을 떴을 때 현기증, 눈 감았을 때 현기증, 빙빙 도는 느낌의 어지러움, 시각적으로 생생하게 회상됨, 실신할 것 같은 느낌, 호흡의 자각, 위에 대한 부담감, 식욕 부진, 식욕 증가, 배변 욕구, 혼란, 트림, 구토 등 30개 내외의 항목이 이용되고는 했다.

이 중에서 신체 움직임, 자극으로부터 비롯되는 항목들, 그리고 시뮬레이터 작업에서 거의 발생하지 않는 항목들을 제외하고 16가지 항목을 시뮬레이터 멀미 평가에 사용하고 있다. 일반적인 불편, 피로, 두통, 눈의 피로, 눈의 초점을 맞추기가 어려움, 침 분비의 증가, 발한(땀남), 메스꺼움, 집중하기에 곤란, 머리가 꽉 찬 느낌, 뿌연 시야, 눈을 떴을 때 현기증, 눈 감았을 때 현기증, 빙빙 도는 느낌의 어지러움, 위에 대한 부담감, 트림이 그것이다. 이 항목들은 자가 설문으로 활용되며 없음-약간-보통-심각함 등 네 가지 척도로 평가된다.

5.3.3 평가 분석과 해석

시뮬레이터 멀미 평가는 세 가지 개별적인 종합 지표로 산출될 수 있다. 메스꺼움, 안구운동불편, 방향감각상실이 바로 그것인데 앞 장에서 설명한 16개의 항목 평가로부터 기술적으로 도출해낼 수 있다. 예를 들어 메스꺼움과 관련된 평가 항목들을 합하고 수치를 조정하면 메스꺼움에 대한 정량적 지표를 얻을 수 있다. 안구운동불편과 방향감각상실도 마찬가지다.

개별 지표와 관련된 항목은 표 5.2와 같다. 메스꺼움과 관련된 것은 일반적인 불편, 침 분비의 증가, 발한(땀남), 메스꺼움, 집중하기에 곤란, 위에 대한 부담감, 트림이다. 안구운동불편과 관련된 것은 일반적인 불편, 피로, 두통, 눈의 피로, 눈의 초점을 맞추기가 어려움, 집중하기에 곤란, 뿌연 시야이다. 마지막으로 방향감각상실과 관련된 항목은 눈의 초점을 맞추기가 어려움, 메스꺼움, 머리가 꽉 찬 느낌, 뿌연 시야, 눈을 떴을 때 현기증, 눈 감았을 때 현기증, 빙빙 도는 느낌의 어지러움이다. 각 항목을 0점에서 3점으로 평가된 수치를 모두 더해주면 중간 합계 [1], [2], [3]을 도출할 수 있다.

이렇게 도출된 중간 합계는 아래와 같은 가중치를 곱함으로써 정량화할 수 있다. 이것은 로버트 케네디가 시뮬레이터 멀미 평가 방식을 제안하면서 같이 제안한 수치로, 당시 실험 결과와 부합되는 방향으로 정량화된 수치를 조정해주기 위한 것이다. 메스꺼움, 안구운동불편, 방향감각상실과 관련해서는 각각 9.54, 7.58, 13.92를 곱하며, 종합 점수를 위해서는 [1], [2], [3]을 더한 후 3.74를 곱한다. 아래와 같은 수식에 따른다.

표 5.2 시뮬레이터 멀미 세부 지표 관련 항목

	메스꺼움	안구운동불편	방향감각상실
1. 일반적인 불편	1	1	
2. 피로		1	
3. 두통		1	
4. 눈의 피로		1	
5. 눈의 초점을 맞추기가 어려움		1	1
6. 침 분비의 증가	1		
7. 발한(땀남)	1		
8. 메스꺼움	1		1
9. 집중하기에 곤란	1	1	
10. 머리가 꽉 찬 느낌			1
11. 뿌연 시야		1	1
12. 눈을 떴을 때 현기증			1
13. 눈 감았을 때 현기증			1
14. 빙빙 도는 느낌의 어지러움			1
15. 위에 대한 부담감	1		
16. 트림	1		
중간 합계	[1]	[2]	[3]

$$메스꺼움 = [1] \times 9.54$$
$$안구운동불편 = [2] \times 7.58$$
$$방향감각상실 = [3] \times 13.92$$
$$종합\ 점수 = ([1] + [2] + [3]) \times 3.74$$

이렇게 도출된 수치는 메스꺼움, 안구운동불편, 방향감각상실에 해당하는 세부 지표와 멀미 종합 점수 지표를 정량화한 것이다. 도출된 숫자를 기존 연구 조사와 비교 분석할 수 있으며, 평가 방법 자체의 신뢰도 및 타당도를 떠나서 많은 조사자들이 사용하고 있기 때문에 그 자체로 중요한 결과치를 보여줄 수 있다. 참고로 로버트 케네디는 메스꺼움, 안구운동불편, 방향감각

표 5.3 시뮬레이터 멀미 평가 결과 분석 지표

	메스꺼움	안구운동불편	방향감각상실	종합 점수
90	28.6	30.3	27.8	30.0
95	38.2	45.5	41.7	44.9
99	66.8	60.7	83.5	75.9

상실과 관련된 주요 퍼센타일 통계치를 표 5.3과 같이 병기한다.

일각에서는 시뮬레이터 멀미 평가 방식이 체계화된 것이 1990년대 후반이고, 당시의 시뮬레이터 장비가 오늘날의 장비와 차이 나는 점을 고려하여 이러한 평가 방식이 수정될 필요가 있다는 문제제기가 있다. 아직까지는 시뮬레이터 멀미 평가 설문이 대중적으로 사용되기 때문에 각종 수정안이 널리 사용되지는 않지만, 충분히 일리 있는 의견이며 본 장에서 설명한 방법론에 한계가 있다는 것은 자각할 필요가 있다. 참고로 메스꺼움, 안구운동불편, 방향감각상실과 관련된 항목이 일부 수정되어야 한다는 의견도 있고, 보정 숫자도 변해야 한다는 의견도 있다.

생각해볼 문제

- 작업부하 현상이 무엇인지 설명하시오.
- 근골격계질환이란 무엇인지 작업부하와 연계하여 설명해보시오.
- RULA, REBA, OWAS의 차이점은 무엇인가?
- NASA 작업부하 평가 방식이 만들어진 배경을 설명하시오.
- NASA 작업부하 평가 지표를 나열하고 설명하시오.
- 시뮬레이터 멀미 평가 방식의 세부 지표를 나열하고 설명하시오.

5장 참고문헌

1. Balk, S. A., Bertola, M. A., Inman, V. W. (2013). Simulator sickness questionnaire: Twenty years later. *In Proceedings of the Seventh International Driving Symposium on Human Factors in Driver Assessment, Training, and Vehicle Design* (pp. 257-263).

2. Harper, R. P., Cooper, G. E. (1986). Handling qualities and pilot evaluation. *Journal of Guidance, Control, and Dynamics*, 9(5), 515-529.

3. Hart, S. G., Staveland, L. E. (1988). Development of NASA-TLX (Task Load Index): Results of empirical and theoretical research. *Advances in psychology*, 52, 139-183.

4. Hart, S. G. (2006, October). NASA-task load index (NASA-TLX); 20 years later. *In Proceedings of the human factors and ergonomics society annual meeting* (Vol.50, No.9, pp. 904-908). Sage Publications.

5. Hignett, S., McAtamney, L. (2000). Rapid entire body assessment (REBA). *Applied ergonomics*, 31(2), 201-205.

6. Johnson, D. M. (2005). *Introduction to and review of simulator sickness research*. Army Research Inst Field Unit, Fort Rucker, Al.

7. Kennedy, R. S., Lane, N. E., Berbaum, K. S., Lilienthal, M. G. (1993). Simulator sickness questionnaire: An enhanced method for quantifying simulator sickness. *The international journal of aviation psychology*, 3(3), 203-220.

8. Kolasinski, E. M. (1995). *Simulator Sickness in Virtual Environments* (No. ARI-TR-1027). Army Research Inst for the Behavioral and Social Sciences, Alexandria, VA.

9. McAtamney, L., Corlett, E. N. (1993). RULA: a survey method for the investigation of work-related upper limb disorders. *Applied ergonomics*, 24(2), 91-99.

10. Stanney, K. M., Mourant, R. R., Kennedy, R. S. (1998). Human factors issues in virtual environments: A review of the literature. *Presence*, 7(4), 327-351.

찾아보기

UX 평가 및 분석의 이해

2017년 02월 01일 제1판 1쇄 인쇄 | 2017년 02월 06일 제1판 1쇄 펴냄
지은이 박재현 | 펴낸이 류원식 | 펴낸곳 청문각출판

편집팀장 우종현 | 책임진행 안영선 | 본문편집 이혜숙 | 표지디자인 유선영
제작 김선형 | 홍보 김은주 | 영업 함승형·박현수·이훈섭 | 출력 동화인쇄 | 인쇄 동화인쇄 | 제본 한진제본
주소 (10881) 경기도 파주시 문발로 116(문발동 536-2) | 전화 1644-0965(대표)
팩스 070-8650-0965 | 등록 2015. 01. 08. 제406-2015-000005호
홈페이지 www.cmgpg.co.kr | E-mail cmg@cmgpg.co.kr
ISBN 978-89-6364-309-0 (93320) | 값 13,700원